Gerd Zipper

Gebissgeschichten

Gerd Zipper

Gebissgeschichten

Erzählungen zum Schmunzeln

und Staunen rund ums Gebiss

Bibliographische Information der Deutschen Bibliothek:
Die Deutsche Bibliothek verzeichnet diese Publikation in
der Deutschen Nationalbibliographie; detaillierte
bibliographische Daten sind im Internet über
http://dnb.ddb.de abrufbar.

Impressum

Redaktion: Gerd Zipper, Schwäbisch Gmünd
Umschlaggestaltung: Gerd Zipper
Herstellung und Verlag: Books on Demand GmbH, Norderstedt

ISBN 3-8334-2897-X

Inhalt

Vorwort

Eines der häufigsten Kunstbauteile des Menschen ist neben Brille, Hörgerät und Toupet zweifellos der Zahnersatz. Schon aus der Antike ist uns die Verwendung von künstlichen Zähnen bekannt. Bis ins 19. Jahrhundert hinein dienten sie weniger dem Wunsch, besser kauen zu können, als vielmehr der Befriedigung der Eitelkeit. Schon die alten Römer fertigten gebrauchsfähige Gebisspartien aus Elfenbein. So erwähnt der Dichter Horaz (65 bis 8 v. Chr.) zwei Witwen, die so schnell rannten, dass eine davon ihr Gebiss verlor. Vor allem Frauen aus höheren Kreisen pflegten früher ihre falschen Zähne zum Essen herauszunehmen. Heute sind künstliche Zähne, die sich von echten nicht mehr unterscheiden, nur noch ein unentbehrliches Hilfsmittel zur Zerkleinerung von Nahrung. In der Regel soll man es dem Träger nicht anmerken, denn vielen ist der Besitz dritter Zähne peinlich. Fehlt das Gebiss, zerbricht es, vergisst oder verliert man es gar, geht doch ein erheblicher Teil an Lebensqualität verloren.

Vom Thema »Gebiss« ist zweifellos jeder betroffen, seien es die ersten, die zweiten oder die dritten Zähne. Es beginnt mit dem Zahnen als Baby, es folgt der langsame unaufhaltsame Verlust der Milchzähne, dann kommen die Weisheitszähne und schließlich die dritten Zähne, mit denen man endlich unbelastet zum Zahnarzt geht und keine Zahnschmerzen mehr zu kennen scheint. Es gibt die seltsamsten Begebenheiten, die Menschen mit ihrem Gebiss überhaupt erlebt haben oder bei denen die dritten oder auch noch die echten Zähne eine Rolle spielen. Oft sind diese Vorkommnisse und Missgeschicke so ausgefallen, dass sie kaum zu glauben sind.

Grundlagen für die Geschichten in diesem Buch waren mündliche Überlieferungen und kurze Pressemeldungen. Einige der Geschichten sind frei erfunden, enthalten aber auch ein Körnchen Wahrheit. Herauszufinden, welche das sind, bleibt der Vorstellungskraft des Lesers überlassen.

In diesem Schmunzelbuch sind mit spitzer und sanfter Feder meist heitere, aber auch ernste und phantastische Geschichten rund um das Gebiss und seine Besitzer zusammengestellt. Sie erzählen von einfachen, liebenswürdigen Menschen und vermitteln einen Eindruck mitten aus dem alltäglichen Leben.

Dieser Sammelband ist nicht nur für Zahngeplagte eine mit Heiterkeit gewürzte Medizin, sondern eine Lektüre für alle Freunde des Humors.

Gerd Zipper

Antonio der Held

Das Leben in La Boca, einem Arbeiterviertel von Buenos Aires, war hart, aber erträglich. Antonio Riberos lebte dort schon seit seiner Geburt vor sechs Jahrzehnten. Die Arbeitslosigkeit in der argentinischen Hauptstadt hatte ein bisher nie gekanntes Ausmaß erreicht. Antonio hatte in seinem Leben nie im Mittelpunkt gestanden. Er musste zeitlebens auf Anerkennung ebenso wie auf eine ausreichende Schulbildung verzichten. Obwohl er stets kaum genommen, aber fast immer nur gegeben hatte, konnte er sich zu den glücklicheren Argentiniern zählen. Seine vier Kinder liebte er abgöttisch, seine Frau Graciela respektierte er. Alles, was er als Fahrer seines altersschwachen Taxis verdiente, ließ er seiner Familie zugute kommen. Sich selbst gönnte er kaum etwas, steckte alles in die Ausbildung seiner Kinder. Sein erklärtes Ziel war erreicht, denn jedes von ihnen hatte einen anständigen Beruf erlernt. Anerkennung von der Familie hatte er dafür aber so gut wie nie erfahren.

Antonio mochte den Rotwein, trank ihn aber in Maßen. Dass er soff, konnte Graciela gewiss nicht behaupten. Seit einigen Jahren schon bereitete ihm sein Magen zunehmend Probleme. Deshalb durfte er nur noch wenig essen. Strenge Diät war angesagt. Das Schlimme daran war, dass er doch erst vor drei Jahren ein neues teures Gebiss bekommen hatte und es nicht mehr voll nutzen konnte. Vor allem auf Weine mit viel Säure sowie fettes und scharfes Essen sollte er auf Anraten seines Arztes verzichten. Hielt er sich nicht daran, dann rebellierte sein Magen.

Zu seinem sechzigsten Geburtstag wollte er seiner großen Familie einmal etwas Besonderes bieten. Er lud sie zu einem Festessen in das nahe gelegene Restaurant ein. Fast alle waren gekommen, die Kinder mit Familien und sogar die fast neunzigjährige Schwiegermutter. Beinahe zwei Dutzend Verwandte saßen an der reichlich bestückten Tafel, aßen, tranken und hatten viel Spaß miteinander.

Der Duft von gegrilltem, geschmortem und gebratenem Rindfleisch durchzog den gemütlichen Gastraum. Antonio durfte eigentlich nur die Empanadas, also die gefüllten Teigtaschen, Gemüse und den nur in geringen Mengen vorhandenen Salat essen. Auf fette Würste oder gar die Chorizo und leckere gebratene Innereien wie Nieren und Leber sollte er wie immer verzichten.

Antonio sehnte sich so sehr danach, wenigstens einmal an seinem Geburtstag von diesen Vorsätzen abzuweichen.

»Untersteh dich«, sagte Graciela, als sie bemerkte, wie intensiv seine Augen diese feinen Dinge fixierten.

Doch Antonio winkte nur ab.

»Dann jammerst du wieder zwei Tage über deinen Magen«, setzte sie nach.

Vergeblich versuchte ihn Graciela davon abzuhalten und gab schließlich auf. Nur zwei oder wenigstens eine einzige Chorizo, die kleine scharfe Wurst, wollte er an diesem besonderen Festtag wieder einmal essen.

Von der Straße drang gedämpft die Melodie eines melancholisch klingenden Tangos herein, den zwei ältere Tanguistas mit Gitarre und Bandoneon inbrünstig und virtuos zum Besten gaben. Viele Passanten umlagerten das dazu tanzende junge Paar. Immer wieder zollten sie ihm durch begeisterten Applaus ihre Anerkennung für die gelungene Darbietung.

Nach dem Essen kam es, wie es kommen musste. Antonio wurde es furchtbar übel. Er fühlte sich miserabel, klagte aber nicht und ließ sich nichts anmerken. Doch Graciela blieb dies nicht verborgen. Dicke Schweißperlen bedeckten seine fliehende Stirn. Graciela veranstaltete gleich ein heftiges Gezeter, stellte ihn vor allen Leuten bloß und warf ihm Dummheit und Besserwisserei vor. Doch Antonio beeindruckte dies wenig, denn bei ihm drehte sich alles. Er erhob sich und wankte, sich vor Schmerzen den Magen haltend, in Richtung Toilette. Schon am Eingang musste er sich aus Sicherheitsgründen den Mund zuhalten. Die erste der beiden Kabinen war besetzt, die zweite auch, wie er schmerzlich feststellen musste.

Endlos erschienen ihm die Sekunden, bis ein Junge die Kabinentür öffnete, dem Antonio kaum Zeit ließ, die Kabine zu verlassen. Wie ein frommer Wallfahrer fiel Antonio vor der Toilettenschüssel auf die Knie. Sein Magen verkrampfte sich und schien sich dann erstaunlicherweise zu entspannen. Antonio musste kräftig husten, wobei seine Teilprothese in die Schüssel fiel. Geistesgegenwärtig fasste er in den Abfluss und konnte sie gerade noch greifen. Er umklammerte das Gebiss mit der Hand, konnte die Faust aber zum Herausziehen nicht öffnen. Beim Händewaschen hatte der Junge gerade noch Antonios Hilferuf mitbekommen und den Wirt alarmiert.

Vor der Herrentoilette versammelten sich sofort viele Schaulustige. Der Wirt musste sich erst den Weg durch die Menschenmenge bahnen. Er versuchte Antonio zu überreden, endlich den Arm aus der Schüssel zu ziehen. Der aber weigerte sich, denn dann hätte er das Gebiss loslassen müssen, das so unwiederbringlich in den Tiefen der Kanalisation verloren gewesen wäre. So eine Prothese sei ja schließlich nicht gerade billig, wie Antonio dem Wirt klarzumachen versuchte. Doch selbst wenn er gewollt hätte – jetzt bekam er den Arm überhaupt nicht mehr heraus. Antonio hatte sich so unglücklich im Ablaufrohr verfangen, dass er einen Krampf und Schmerzen im Arm bekam. Bis zum Oberarm steckte Antonio in der weißen Keramik.

Ein roter Lkw, auf dessen Seite der kunstvoll gemalte Schriftzug »Bomberos Volontarios« prangte, raste mit Blaulicht heran. Männer mit blankpolierten antiquierten Helmen und blauen Uniformen sprangen heraus und stürmten durch die applaudierende Menge an den Tangotänzern vorbei in das Lokal. Vor den Augen der verdutzten Gäste verschwanden sie in der Toilette.

Draußen versammelten sich unterdessen immer mehr Neugierige. Was genau passiert war, hatte sich natürlich schnell in ganz La Boca herumgesprochen.

Fast zwei Stunden dauerte es, bis die Feuerwehr Antonio endlich aus seiner misslichen Lage befreit hatte, indem sie die Toilettenschüssel abmontierte. Dabei wurde seine rechte Hand, in der er das unversehrte Gebiss hielt, leicht verletzt. Antonio Riberos wurde auf der Tragbahre mit der weißen Schüssel am Arm zum Krankenfahrzeug getragen. Die Schaulustigen riefen begeistert und gratulierten ihm zum guten Ende. Er hatte es geschafft. Die Magenprobleme schienen vergessen. Ein überglücklicher

Antonio spreizte die Finger der unversehrten Hand zum Siegeszeichen. Die Musikanten spielten begeistert das Lied »Mein geliebtes Buenos Aires«. Der Jubelsturm der sich vor dem Lokal drängenden Passanten schien kein Ende nehmen zu wollen. Doch dieses Mal jubelten sie nicht den Musikanten und Tänzern zu, sondern Antonio.

Auf Geschäftsreise

Schon mehr als zwei Dutzend Mal war Hans-Volkmar Panthoff in dem gehobenen 400-Betten-Hotel im Stadtteil Tottenham abgestiegen.

Seine Firma hatte ihn wieder einmal für zwei Wochen nach London auf eine dieser lästigen Geschäftsreisen geschickt, die er so hasste und noch fast ein Jahrzehnt bis zur Rente über sich ergehen lassen musste. Am meisten fehlten ihm in dieser Zeit sein geliebter Skatabend und die gemütlichen Abende im Schützenhaus. Täglich zu Hause vor dem Fernseher zu sitzen hatte er sich schon lange abgewöhnt. Das abendliche Fernsehprogramm bestimmte ohnehin seit der Heirat seine Frau Zita.

Ständig wurden ihm in der Nähe seines Hotels die Dienste bestimmter Damen angeboten, die er bisher jedes Mal bei dem Gedanken an Zita abgelehnt hatte. Seinen ehelichen Pflichten kam er schon seit Jahren nicht mehr nach, was aber nicht an ihm lag. Nun nahm Hans-Volkmar seinen ganzen Mut zusammen, verdrängte sein schlechtes Gewissen und sagte sich, dass ihm wegen all der Entbehrungen endlich einmal eine Entschädigung zustünde.

Zu seiner Manneskraft schien er kein sonderlich großes Vertrauen mehr zu haben. Eine gewisse Unsicherheit überkam ihn, denn er zweifelte, ob er noch die notwendige Leistung erbringen konnte. Doch dank der bekannten neuzeitlichen Hilfsmittel sollte dies kein Problem sein, sagte er sich und beschloss, endlich das Angebot einer Dame anzunehmen, die sich in seinen Augen schon immer von den anderen durch ihren Liebreiz und ihre Natürlichkeit unterschieden hatte. Er wollte sich richtig austoben, es sich wieder beweisen. So kam es, dass Hans-Volkmar Panthoff das erste Mal in seinem Leben ein Bordell betrat.

Es wurde ziemlich spät an seinem letzten Abend in London. Die Pillen hielten, was sie versprachen, Hans-Volkmar genoss in vollen Zügen und begriff, wie schön das Leben doch noch sein konnte. Gut gelaunt und mit seiner Leistung hochzufrieden, kam er in sein Hotel zurück.

Nicht der teure Abend war es, sondern das schlechte Gewissen Zita gegenüber, das ihm eine schlaflose Nacht bereitete. Um einen Termin wahrzunehmen, musste er früh aufstehen und mit dem ersten Flugzeug vom Flughafen Heathrow in die Bundeshauptstadt fliegen.

Damit er keine Zeit verlor, hatte er die Hotelrechnung bereits am letzten Abend beglichen.

Hans-Volkmar musste wohl gegen Morgen doch noch einen sehr festen Schlaf gehabt haben, denn er hörte den Wecker nicht und verschlief deshalb das erste Mal in seinem Berufsleben. Hastig packte er seinen Koffer. Um rechtzeitig zu seinem wichtigen Termin in Berlin zu kommen, musste er unbedingt sein Flugzeug noch erreichen – koste es, was es wolle.

Mit der U-Bahn ging es rasch über ein paar Stationen zum Flughafen.

Dort wollte er nach dem Einchecken noch auf die Schnelle eine Tasse Kaffee und ein Sandwich zu sich nehmen. Erst da merkte er, dass ihm zum Kauen etwas fehlte. Um noch einmal ins Hotel zurückzufahren und die Zahnprothese zu holen, war es zu spät. Das Flugzeug ging in Kürze, und er würde sonst auf keinen Fall mehr rechtzeitig die Rückkehr schaffen.

Im Bad von Panthoffs Hotelzimmer fand das Stubenmädchen hinter einem Vorhang ein komplettes Gebiss, ein angebrochenes Tablettendöschen und ein Päckchen Papiertaschentücher.

Sie streifte Einmalhandschuhe über ihre jungen glatten Hände und atmete tief durch. Dann ergriff sie die Prothese, versenkte sie langsam wie ein Beweisstück zusammen mit den anderen Dingen des täglichen Lebens in einer Plastiktüte und notierte darauf die Zimmernummer.

Diskret brachte sie die Sachen ins Fundbüro der Hotelrezeption.

Das gute Stück wurde mit einer Nummer versehen, im Computer registriert, sauber verpackt und gleich ins Regal der Asservatenkammer gestellt. Bei Hans-Volkmar Panthoff, der ja Stammkunde war, hätten die Sachen wie üblich bei seinem nächsten Besuch wieder fein säuberlich im Zimmer an derselben Stelle gelegen. Doch so lange konnte und wollte der natürlich auf seine Dritten nicht verzichten. Aus Gründen der Diskretion kontaktierte das Hotel verständlicherweise keinen seiner Gäste, wenn sie etwas vergessen hatten.

Hans-Volkmar rief von sich aus im Hotel an und bat den Portier, die Prothese ganz einfach schnellstmöglich an seine Privatadresse zu schicken. Erstaunt stellte er fest, dass er durch die fehlenden Zähne das »Tie-eitsch« einfach englischer aussprechen konnte und von den Briten besser als jemals zuvor verstanden wurde.

Schon am nächsten Tag fuhr ein dunkelbrauner Wagen eines Paketservice vor dem Hause Panthoff vor. Der Fahrer klingelte an der Haustür und übergab nach Unterschrift ein kleines Päckchen an Zita Panthoff. Sie öffnete es nicht, doch der Inhalt interessierte sie dann doch schon brennend. Sie platzte fast vor Neugier, kämpfte mit sich und war kurz davor es aufzumachen. Schließlich hielt sie es nicht mehr aus und rief Hans-Volkmar im Büro an.

»Da ist ein Päckchen von einem Londoner Hotel gekommen!«

»Na endlich«, erwiderte er erleichtert.

»Was kann denn da drin sein? Darf ich es öffnen?«

»Aber natürlich, mein Schatz«, meinte Panthoff in einem Anfall von Großzügigkeit.

»Ist doch keine Frage, ist das Gebiss, das ich im Hotel vergessen habe!« Dass ihrem Mann die Dritten fehlten, war Zita Panthoff natürlich nicht verborgen geblieben. Sie legte auf, öffnete das Päckchen und las zuerst die obenliegende Karte.

»Sehr geehrter Herr Panthoff,

… übersenden wir Ihnen Ihre bei uns liegen gebliebenen Utensilien.

Wir hoffen, Sie haben sich wie immer bei uns wohl gefühlt und werden uns wieder einmal mit Ihrem Besuch erfreuen …«

Es kam aber nicht nur das Gebiss, sondern auch ein Päckchen Papiertaschentücher und ein angebrochenes weißblaues Döschen mit rautenförmigen hellblauen Tabletten zum Vorschein. Zita wurde stutzig und entfaltete den Beipackzettel. Ihr Gesicht nahm Züge der Fassungslosigkeit an.

»Komm du mir nach Hause«, murmelte sie, auf Vergeltung sinnend, vor sich hin.

Nachdem Hans-Volkmar Panthoff abends das Haus betrat, hatte er Zita, als er dann endlich zu Wort kam, viel zu erklären.

Er bat sie überschwänglich und demütig um Verzeihung, nahm die Tabletten und warf sie als Zeichen der Reue in den Mülleimer. Zita sah ihn entsetzt an und meinte: »Ja bist du denn verrückt geworden?«

Flugs holte sie das Päckchen wieder heraus und verwahrte es im Schrank. Hans-Volkmar wusste nicht so recht, was das zu bedeuten hatte.

»Einfach wegwerfen, damit ist es dann getan, und die Sache ist aus der Welt!«

Mit einem lasziven Blick fixierte sie ihn.

»Nein, mein Lieber, die wirst du in nächster Zeit noch zu Hause brauchen!« Hans-Volkmar erstarrte vor Schreck und wagte nicht daran zu denken, was fortan wieder von ihm verlangt werden würde.

Unterwegs in Afrika

Warum mache ich eigentlich diese Reise nach Afrika?, fragte sich Heinz, als das vierstrahlige Flugzeug gerade den Äquator überquert hatte. Der große, drahtige Mittfünfziger saß aufrecht im weichen Flugzeugsessel und schien den Flug über die abwechslungsreiche afrikanische Landschaft nicht so richtig zu genießen. Das Angebot, die neuen Mitarbeiter einer Forschungsfirma im Segelfliegen zu unterweisen, war sehr kurzfristig gekommen. Er hatte sich schnell entscheiden müssen. Die ihm zugestandene Bedenkzeit betrug nur ganze drei Tage. Schließlich bot sich einem nicht alle Tage eine Möglichkeit, mitten in Afrika als Segelfluglehrer zu arbeiten. Der Zeitraum kam ihm zwar gelegen, denn abkömmlich von seinem Arbeitgeber, einer süddeutschen Segelflugschule, war er nur in der europäischen Winterzeit. Aber was ihn erwartete, machte ihn doch ein klein wenig unsicher. Die Stewardessen waren gerade geschäftig dabei, die Esstabletts abzuräumen. Heinz rückte, wie er es nach jeder Mahlzeit gewohnt war, sein Gebiss zurecht.

Nachdenklich blickte er aus dem Fenster. Endlos bis zum Horizont lag die Steppe in ihrem leuchtenden Gelb, ab und zu durchlöchert von Seen und ausgedehnten Sumpfgebieten. Viele offene Fragen beschäftigten ihn. Was würden die nächsten Wochen bringen? Schließlich wollten in der einsamen Gegend hoch qualifizierte Ingenieure und Wissenschaftler in ihrer Freizeit anspruchsvoll bei Laune gehalten werden. Doch auch Land und Leute und deren Alltagsleben wollte er bei dieser Gelegenheit unbedingt kennen lernen. Das Segelflugzeug hatte die deutsche Forschungsfirma extra zur Freizeitgestaltung ihrer Mitarbeiter angeschafft und bereits vor Wochen auf dem See- und Landweg dort hingebracht.

Voraus lag das riesige Kongobecken mit seinem immergrünen Regenwald. Rechter Hand verschmolz das gigantische Stromsystem des Kongo mit dem Ubangi. In etwa zwei Stunden würde die Maschine in Kinshasa landen. Ein kleines Sportflugzeug würde ihn abholen und noch vor Einbruch der Dunkelheit in das abgelegene Camp bringen. Dort sollte er die nächsten sechs Wochen wohnen und segelfliegerische Entwicklungshilfe leisten.

Der Flugplatz lag etwas erhöht auf einem Plateau. Majestätisch und besonders bei Sonnenuntergang Ehrfurcht einflößend, ragte es mehrere hundert Meter aus der Trockensavanne heraus wie eine Sphinx, die einen Tempel bewacht.

In den nächsten Tagen und Wochen wurden ausgedehnte Segelflüge unternommen. Zwischendurch konnte auch mit dem Geländewagen die nähere Umgebung erkundet werden. Doch das allein genügte Heinz nicht. Er wollte endlich mehr von Land und Leuten sehen, einfach tiefer in einsameres Gebiet fahren.

So brachen eines Tages der Arzt Dr. Kielwein, die beiden Buschflieger Thomas und Robert und Heinz wieder einmal mit ihrem Jeep auf, um die einsamsten Gegenden zu erkunden. Diesmal hatten sie sich für eine nördliche Route ins tiefste Bantuland entschieden. Die Bevölkerungsdichte von einem Einwohner pro Quadratkilometer schien ihnen übertrieben, waren sie doch jetzt schon über 100 Kilometer gefahren und hatten noch keinen einzigen Menschen getroffen. Nicht mal eine ausgefahrene Reifenspur wies ihnen den Weg. Nur das durch ihre eigenen Fahrspuren plattgewalzte Gras verriet ihnen die Route zurück in die Zivilisation. Nach drei Stunden Fahrt durch die Trockensavanne trafen sie endlich auf menschliches Leben.

An einem kleinen Bach schmiegten sich drei einfache Bantuhütten eng aneinander, gerade so, als wollten sie eine schützende Phalanx bilden, die sich gegen die gnadenlose Wildnis verteidigt. Unter zwei großen Schirmakazien, die den einzigen Schatten im Umkreis eines Steinwurfes spendeten, saßen eine Hand voll Männer und Frauen. Ein Auto hatten die spärlich bekleideten Menschen schon oft gesehen. Das spürten die vier. Dennoch beäugten sie die Besucher zunächst misstrauisch. Ein paar Kinder kamen angerannt.

Drei junge Bantu-Familien hatten sich hier niedergelassen. Mehr als Kisuaheli oder einen Bantudialekt, wie Dr. Kielwein vermutete, sprachen sie nicht. Eine Verständigung war deshalb fast unmöglich.

Um das Eis zu brechen, bot Heinz ihnen Zigaretten an. Wie selbstverständlich nahmen die Männer die Glimmstängel, klopften mit geübter Geste den Tabak zurecht und ließen sich dankbar nickend Feuer geben.

Dr. Kielwein, der einzige Nichtraucher unter ihnen, wollte sich bei einem Kind eine offene eitrige Wunde ansehen. Dazu holte er seine schmale zusammenklappbare Lesebrille aus der Innentasche seiner Weste und platzierte sie auf seiner Nase. Auf einmal erscholl ein Gekicher und Gelächter unter den Eingeborenen. So etwas

Komisches hatten sie anscheinend noch nie gesehen, was ihre Blicke und Gesten zeigten.

Der Wortführer der Bantus gab den Frauen einige kurze Anweisungen. Sie verzogen sich eilig in eine Hütte und kamen kurz darauf mit einer Schale zurück. Darin befanden sich in Streifen geschnittene Maniokwurzeln. Mit dieser kleinen Gegenleistung wollten sie sich offenbar bedanken und ihre Gastfreundschaft zeigen.

Alle empfanden die Wurzeln als zäh und hart, hatten aber außer Heinz sonst keine Schwierigkeiten, sie zu kauen und zu essen. Heinz mühte sich einige Zeit ab, die kostbare Nahrung mit seinen Dritten mundgerecht zu zerkleinern.

Ständig wollte er davon abbeißen, was ihm aber nicht gelang. Schließlich hatte er eine Idee. Er drückte Dr. Kielwein seine Maniokwurzel in die Hand.

»Da, hilf mir mal, halt sie zu mir hin!«

Dr. Kielwein wusste einen Moment nicht so recht, was Heinz damit bezweckte. Dieser fummelte kurz in seinem Mund herum und hatte flugs seine Vollprothese in der Hand. Das Oberteil nahm er in die rechte und das untere Teil in die linke Hand.

Die Bantus beäugten skeptisch die Aktion, sie wussten nicht so recht, was sie davon halten sollten. Mit beiden Händen schlug Heinz gleichzeitig auf die hingehaltene Wurzel und konnte sie so einigermaßen zerteilen.

Die Eingeborenen, vor allem die Kinder, hatten sich furchtbar erschrocken und waren geschlossen einige Schritte in sichere Entfernung zurückgewichen. Diese Bantus hatten wohl schon viel Komisches, Besonderes und Nützliches aus der Welt des weißen Mannes kennen gelernt. Aber Zähne, die man herausnehmen und mit denen man dann auch noch außerhalb des Kopfes beißen konnte, so etwas Ungeheuerliches hatten sie noch nie gesehen. Heinz und die anderen waren verblüfft, denn sie hatten mit dieser Reaktion nicht gerechnet.

Langsam ging Heinz auf die Leute zu, wollte sie beruhigen und ihnen seinen Zahnersatz aus der Nähe zeigen. Doch die wichen weiter Schritt für Schritt zurück. Die Kinder liefen schließlich in alle Richtungen davon.

Dr. Kielwein meinte, dass es jetzt wohl besser sei weiterzufahren. Dann wandte er sich an Heinz und fügte scherzhaft hinzu: »Wenn es jemals Probleme mit Eingeborenen geben sollte, dann weißt du ja jetzt, was du in so einem Fall zu deiner Verteidigung tun kannst!«

»Halten Sie Ihren Mann vom Nägelbeißen ab, verstecken Sie seine Zahnprothese!«

Urlaub am Meer

Ihre fast fünfeinhalb Jahrzehnte dauernde Ehe lang dachte Daphne Welch, Mortimer Welch sei ein genügsamer, ruhiger Mensch. Nicht ein böses Wort gegen sie, gegen einen Mitmenschen oder etwa gegen ein Tier hatte sie je aus seinem Mund vernommen.

Seit vielen Jahren schon verbrachten sie ihren mehrwöchigen Sommerurlaub in einem kleinen Städtchen an der Küste von Südwales, wo die Irische See mit einem Tidenhub von sechs Metern pro Tag über die Küste von Pembrokeshire herfällt und schmale Pfade über den hohen Klippen an der Steilküste entlang führen. Beide erfreuten sich an der vielfältigen Vogelwelt, saßen stundenlang im Gras und sahen Papageientauchern, Möwen, Trottellummen und anderen Seevögeln bei ihrem Treiben zu. Ständig führten sie ihr kleines Fernglas mit sich und konnten so die Vögel sogar in den Felsen beobachten. Ihren Bekannten und Freunden erzählten sie immer von ihrem zweiten Zuhause.

Das ganze Jahr konnten sie es kaum erwarten, wenigstens ein paar Wochen ihrem eintönigen Alltag im mittelenglischen Coventry zu entfliehen. Besonders bei Mortimers Asthma verschaffte die raue Seeluft stets Linderung. Den herrlichen Blick auf das Meer und den kleinen Hafen des Ortes wollten sie nicht mehr missen. Im Laufe der Jahre hatten sie viele Freunde und Bekannte gewonnen, mit denen sie schöne Tage und gemütliche Abende am Meer und am offenen Kamin verbrachten.

So auch dieses Jahr. Nach dem Dinner im Restaurant des kleinen Hotels begaben sich Mortimer und Daphne nach oben auf ihr Zimmer. Es gehörte schon zur liebgewonnenen Tradition, manche warmen Abende auf dem Zimmerbalkon bei einem Gläschen trockenen Sherry ausklingen zu lassen. Vor allem Mortimer genoss es, vor dem Schlafengehen die frische salzige Seebrise in seine Lungen zu saugen.

So warf auch an jenem Tag die Sonne ihre letzten wärmenden Strahlen auf die dem Meer zugewandte Hotelfassade an der Cardigan Bay. Im nahen Hafen stritt sich kreischend ein Schwarm Möwen um ein paar Abfälle, die eine Bootscrew an der Kaimauer achtlos ins Wasser geworfen hatte.

Während Daphne ihr Gesicht mit Hautcreme verwöhnte, hatte Mortimer wie immer nach dem Dinner in alter Gewohnheit ordentlich seine Zahnprothese gereinigt. Langsam trottete er damit auf den Balkon und legte sie zum Trocknen auf die Fensterbank.

Irgend etwas musste die Möwen aufgeschreckt haben, oder es gab im Hafenbecken nichts mehr für sie zu holen. Der Möwenschwarm verteilte sich nach und nach und löste sich schließlich ganz auf. Mortimer blickte nach oben. Ihm fiel auf, dass nur noch ein großer Vogel mit lautem Gekreisch das Hotel umkreiste. Kaum war Mortimer wieder durch die Balkontür im Zimmer verschwunden, landete eine Mantelmöwe auf der Fensterbank. Mortimer bemerkte dies aus dem Augenwinkel und stürmte sofort in bisher ungewohnter Schnelligkeit auf den Balkon hinaus, um das Tier zu verscheuchen.

Doch bevor der mächtige weißgraue Vogel abhob und

davonflog, schnappte er sich mit seinem großen gelben Schnabel das Gebiss.

Mortimer stieg die Zornesröte ins Gesicht. Drohend reckte er seine geballte Faust in den Abendhimmel und schrie wütend und etwas unverständlich dem davonfliegenden Vogel hinterher: »Du gottverdammtes dreckiges Mistvieh!«

Mortimers sich ungewohnt überschlagende Stimme fuhr Daphne durch Mark und Bein. Sie traute ihren Ohren kaum. Im Morgenmantel kam sie eilig aus dem Badezimmer auf den Balkon gelaufen. Mortimer in seiner Verzweiflung und ohne Zähne hatte Mühe, ihr in der Aufregung alles verständlich zu erklären. Sie begriff aber sofort sein Gestikulieren und nahm ihn gleich liebevoll tröstend in ihre Arme.

Für den Rest des Urlaubs gab es für Mortimer nur noch weiche Kost wie Suppe und Eiscreme in allen Variationen. Die anderen Gäste wunderten sich, dass beide ihre Essgewohnheiten so plötzlich umstellten. Mortimer war es peinlich, mit zahnlosem Mund in Gesellschaft zu speisen. Deshalb wollte er ab sofort nur noch auf seinem Hotelzimmer essen. Daphne erklärte sich natürlich mit ihm solidarisch, denn sie war schließlich ein gemeinsames Leben mit ihm durch dick und dünn gegangen. Und diesmal war es wohl wegen der Art von Mortimers Nahrung mehr dünn, wie sie Tage später einmal treffend bemerkte. Und siehe da, ein herzliches Lachen entfuhr endlich wieder seinem zahnlosen Mund.

Immer Ärger mit dem Kreislauf

Martha Dangelmaiers ausgeprägte Resolutheit hatte schon so manchen ihrer Mitmenschen verblüfft. In die Rolle der Unternehmerfrau war sie unfreiwillig gedrängt worden. Nach dem frühen Tod ihres Mannes musste sie unverzüglich die Leitung des kleinen Bauunternehmens im Württembergischen übernehmen. Es folgte eine lange Zeit des Behauptens gegen die harte Männerwelt des Baugewerbes. Eines Tages sprach ihr einer ihrer größten Konkurrenten bei einem Richtfest im Fachkreis seine Anerkennung aus. Da wusste sie, dass sie es endlich geschafft hatte und respektiert wurde.

Die Aufgaben in der Firma erledigte sie trotz ihrer fast 80 Jahre noch in ihrer hemdsärmligen, unkomplizierten Art, die ihr Gegenüber immer wieder aufs Neue in Erstaunen versetzte. Nur das Einsteigen in einen ihrer großen Lastwagen wurde ihr in letzter Zeit doch etwas zu viel. Ihre Arbeiter und Angestellten schätzten ihre zwar direkte, aber fürsorgliche und ehrliche Art. All jene, mit denen sie telefonierte, mussten sich immer auf ein Mehrfaches an benötigter Zeit einstellen. Ihre Ungeduld zeigte sich dadurch, dass sie ihre Gesprächspartner nie ausreden ließ. Sie konnten sich aber auch auf ein humorvolles Gespräch freuen. Auch auf ihr leidiges Problem, ihren labilen Kreislauf, der ihr immer wieder zu schaffen machte, kam sie darin stets zu sprechen. Trotz ihrer Arbeit in der Firma erledigte sie ihre häuslichen Einkäufe immer noch selbst.

So auch an jenem heißen Sommertag. Mit Hand- und Tragetaschen bestückt, trat sie aus dem klimatisierten

Supermarkt in die drückende sommerliche Schwüle. Ihr Gang hatte immer etwas Würdevoll-Majestätisches. Doch irgendwie war heute alles anders. Schon den ganzen Tag fühlte sie sich etwas schlapp, versuchte dies aber wegen der vielen Besorgungen, die sie noch zu erledigen hatte, zu verdrängen. Auf einmal war ihr so, als würde sie gegen eine Hitzemauer prallen. Irgendwelche fremden Mächte waren im Begriff, ihr die Beine wegzuziehen. Ihre Einkaufstaschen wie ein Hammerwerfer herumschleudernd, taumelte sie auf dem Gehsteig hin und her. Häuser und Autos, ja sogar die Menschen und die Einkaufswagen standen plötzlich schief, dann auf dem Kopf, bogen sich und zerrissen dann plötzlich. Sie empfand diesen Anblick auch noch als etwas komisch. Schließlich knickten ihre Beine weg. Langsam sank sie auf den Bürgersteig nieder. Verkäuferinnen bemerkten sie und rannten mit wehenden Kittelschürzen herbei. Gerade noch konnte sie von ihnen, die ihr mit ihrer weißen Kleidung wie Engel erschienen, aufgefangen und auf eine kleine Mauer gelegt werden.

Bis der Notarztwagen kam, wurde sie von Passanten liebevoll umsorgt. Die Sanitäter legten sie behutsam auf eine Notfalltrage und luden sie vorsichtig ins Fahrzeug. Der Notarzt stabilisierte sie und verabreichte ihr gerade ein Kreislaufmittel, als er mit seinem eigenen Wagen zu einem anderen Einsatz gerufen wurde.

Diesmal hatte sie es wohl ernstlich erwischt. Noch etwas benommen lag Martha Dangelmaier hart atmend auf der Trage. Langsam ging es ihr besser. Ihre Umgebung nahm sie trotzdem immer noch schemenhaft wahr. Der Sanitäter und ein Zivildienstleistender saßen neben ihr und beobachteten sie. Zur Erleichterung wollte ihr der ältere Sanitäter mit dem Atemgerät ein wenig Sauerstoff verabreichen. Auch der junge Zivi, der erst seit wenigen Wochen im Wagen mitfuhr, wusste sofort, was in einem solchen Fall zu tun war: den Mundraum von Fremdkörpern wie Erbrochenem oder Zahnprothesen freimachen. Der Sanitäter holte das Gerät aus seinem Koffer. Der Zivildienstleistende machte Anstalten, in ihrem Mund herumzuhantieren, und versuchte ihr das Gebiss herauszunehmen. Doch dies bereitete ihm allergrößte Mühe. Die 80-Jährige verwickelte den 20-Jährigen in einen Ringkampf, der sich auf jeder Wettkampfmatte hätte sehen lassen können. Für Martha Dangelmaier wurde es sichtlich unangenehm. Der Zivi hatte sich dies alles einfacher vorgestellt und ließ, als sie sich immer verbissener wehrte, verwundert von ihr ab. Sie rappelte sich auf und keuchte: »Sagen Sie mal, was soll denn dieses Herumgefummel in meinem Mund?«

Entschlossen und schon wieder aufrecht auf der Trage sitzend, setzte sie nach.

»Junger Mann, Sie sind mir eine Erklärung schuldig!«

»Ich muss Ihnen wegen der Beatmung das Gebiss herausnehmen, das ist medizinisch notwendig und so vorgeschrieben!«

Die Patientin, in Rage geraten, fauchte ihn an.

»Was notwendig ist, sage ich Ihnen!«

Kaum hatte sie ausgesprochen, drückte sie der Zivi auf die Trage zurück und wollte ihr wieder an die Zähne. Mit gekreuzten Händen versuchte sie diesmal, ihm den Zugriff zu ihren Kauwerkzeugen zu verwehren.

»Mensch, jetzt hören Sie bloß auf damit, die Dinger sind alle echt!«

Der Zivi griff sich daraufhin erstaunt an den Mund. Ihm war das Ganze sehr peinlich. Der Sanitäter krümmte sich vor Lachen. Nachdem sich Frau Dangelmaier wieder gefangen hatte, gab sie dem Zivi mit erhobenem Zeigefinger noch eine ihrer Lebensweisheiten mit auf den Weg:

»Merken Sie sich eines, junger Mann, die Leute immer erst ausreden lassen!«

»Wo gedoubelt wird, da fallen Zähne!«
(Stuntman-Weisheit)

Die Hochzeit

Gustav tat seinen ersten Schrei an dem Tag, an dem der Mord von Sarajewo geschah. Genau einen Monat später erklärte Österreich Serbien den Krieg, der Erste Weltkrieg begann. Als Hedwig erstmals in die von ihrem Vater selbstgezimmerte Wiege gelegt wurde, war Gott sei Dank Friede – der von Brest-Litowsk.

Einige Jahre verbrachten beide zusammen in der niederbayerischen Dorfschule. Sie waren zwar in unterschiedlichen Klassen, saßen aber, wie das in den Zwanzigerjahren so üblich war, in einem Klassenzimmer. Nach dem Unterricht schlenderten sie jeden Tag gemeinsam am Dorfteich entlang nach Hause.

Manchmal pflückte sie Blumen, und er schnitzte aus Haselnussruten kleine Pfeifen. In den Wassergräben beobachteten sie den Froschlaich, bis sich aus der glibberigen Masse zuerst Kaulquappen und dann kleine Frösche entwickelten. Oft vergaßen sie dabei die Zeit.

Nach Jahren trennten sich dann ihre Wege. Gustav zog es in die Stadt, um in einer Fabrik zu arbeiten. Dort lernte er auch seine spätere Frau kennen. Hedwig verdingte sich nach der Schulzeit als Magd und heiratete später den Jungbauern. Dieser kam nicht mehr aus dem zweiten der großen Kriege wieder. Als Gustavs Frau viele Jahre später nach langer Krankheit starb, kehrte er, inzwischen schon betagter Rentner, wieder in sein Heimatdorf zurück.

So blieb es nicht aus, dass sich Gustav und Hedwig

eines Tages wieder begegneten. Oft saßen sie auf der Bank unter der alten, Schatten spendenden Dorfeiche und schwelgten in Erinnerungen. Auch die gemeinsamen Wege zur und von der Schule hatten sie nicht vergessen. Nur Gustav hatte die eine oder andere Gedächtnislücke. Eines Tages schließlich glaubten beide sich ihr ganzes Leben bis ins Detail erzählt zu haben. Eigentlich war es zunächst sein Wunsch: Er hatte nach mehreren Wochen den Mut gefunden, sie dazu zu überreden, ihn zu heiraten. Auch Hedwig hatte es sich insgeheim gewünscht, wie sie ihm später gestand. Als ihre Absicht im Dorf bekannt wurde, erlangten sie Bewunderung, hatten aber auch Spott und Abneigung zu ertragen.

»Also wirklich – in eurem Alter noch heiraten«, war einer der häufigsten Kommentare, die sie sich anhören mussten.

Gustav besorgte in der Stadt zwei schlichte Ringe mit Gravur. Beim Bürgermeister bestellten sie dann das Aufgebot. So ein betagtes Paar zu trauen, das war ihm in seiner jahrzehntelangen Dienstzeit noch nicht vorgekommen.

Gustav hatte schon von des Bürgermeisters übertriebener Gewissenhaftigkeit gehört. Das Prozedere der Trauung musste bei ihm immer penibel eingehalten werden. Nachdem sie sein Büro verlassen hatten, raunte Gustav Hedwig zu: »Was für ein Pedant!« Beide konnten den Hochzeitstermin kaum mehr erwarten.

Am Tage der Trauung saßen sie mit feierlicher Miene nebeneinander im blumengeschmückten holzvertäfelten Saal des Rathauses. Mit ernstem Gesicht begann der Bürgermeister mit der standesamtlichen Zeremonie. Treffende Worte fand er, das musste man ihm lassen.

Dann nahte der Höhepunkt. Würdevoll glitt Gustavs Hand in die Seitentasche seiner Anzugjacke. Seine Finger suchten ungeduldig und dann immer verzweifelter in der Tasche umher. Auf einmal durchfuhr es ihn siedend heiß. Seine wenigen schneeweißen Haare schienen sich senkrecht zu stellen. Sie waren einfach nicht da – die Ringe. Es waren wohl die Aufregung und das schlechte Gedächtnis – Ansätze von Alzheimer, wie viele meinten. Die Kommode, auf der die Ringe lagen, stand so unendlich weit entfernt. Kleinlaut fragte Gustav den Bürgermeister in seiner Verzweiflung, ob es denn nicht auch ohne Ringe weitergehen könne. Er flehte ihn geradezu an. Doch dieser blieb hart und schüttelte den Kopf. Wie nicht anders gewohnt, wollte er seine Arbeit ordentlich machen. Er bestand darauf, dass, wie üblich, etwas zwischen den Brautleuten getauscht werde. Was, das war ihm letztendlich gleichgültig.

Gustav sah sich Hilfe suchend bei den wenigen Anwesenden um, die alle nacheinander mit den Schultern zuckten. Hedwig war der Verzweiflung nahe, und Gustav schien es, als habe er eine Träne über ihre Wange kullern sehen.

Da kam ihm die rettende Idee. Ein verschmitztes Lächeln huschte über sein Gesicht, so dass sein buschiger Schnurrbart wackelte. Er beugte sich zu Hedwig hinüber und flüsterte ihr etwas ins Ohr. Sie sah ihn an, als wolle sie ihn gleich in die Psychiatrie einweisen lassen. Doch nach kurzer Überlegung erhellte sich ihr Gesicht, und sie nickte zustimmend. Beide beugten sich nach vorn und hantierten in ihren Mündern. Dann tauschten sie ihre Gebisse. Der Bürgermeister sah ungläubig zu, akzeptierte dies dann wohl oder übel. Er brauchte eine Weile bis er fortfahren konnte und die Trauung zu Ende brachte.

»Wussten Sie schon, dass die Nachteile künstlicher Zähne durch fehlende Zahnschmerzen wettgemacht werden?«
(Johannes Conrad, deutscher Schriftsteller)

Apfelkuchen

Genau in der Mitte des ersten großen Krieges, als bereits viele Familien um ihre gefallenen Angehörigen trauerten, begann das bäuerliche Leben von Kreszentia Brodbeck.

Schon seit ihrer frühen Jugend aß sie gern Äpfel, vor allem aber Apfelkuchen, den sie schon als kleines Mädchen ihrer Mutter backen half. Auch Apfelmost trank sie für ihr Leben gern. Für ein gutes Tröpfchen davon, möglichst mit ein paar Birnen verfeinert, ließ sie in späteren Jahren alle anderen Getränke stehen. Zu einer Nachbarin sagte sie einmal, auch für einen guten Apfelkuchen würde sie viel geben. Ihre mit Äpfeln gebackenen Kuchen und Fladen erlangten schließlich Berühmtheit im nahen Dorf und der Umgebung. Nahezu jedes Fest hatte sie mit ihren köstlichen Leckereien versorgt und nicht nur deswegen ein Leben lang auf Urlaub verzichtet. Es war schon etwas Besonderes, wenn es ab und zu im Jahr aus dem kleinen alten Backhaus wunderbar duftete. Dann schlug wieder Kreszentias große Stunde. Selbst der Fabrikant aus der großen Stadt kam mehrmals im Jahr angereist, um ihre frischen Apfelfladen zu genießen und sich mit großen Mengen davon einzudecken.

Nein sagen konnte sie nie, jammerte aber ständig über die viele Arbeit, die mit dem Backen verbunden war. Doch schien es, als genieße sie diese Anerkennung auch. Ihr Engagement ließ erst nach, als ihr mit den Jahren immer mehr die Arthrose in den Beinen zu schaffen machte und ihr neues Gebiss zu drücken begann. Die Arbeit im

Stall hatte sie auf Drängen ihres Sohnes, des jetzigen Bauern, nach einem Streit im vorigen Jahr aufgegeben. Grund war ihre Vergesslichkeit, die in den letzten Jahren stark zugenommen hatte und ihren Sohn ständig auf die Palme brachte. Oft erinnerte sie sich an die Zeiten, als sie die Äpfel zusammen mit den drei quirligen Enkeln selbst von den Bäumen gepflückt und dann zum geliebten Most oder wohlschmeckenden Apfelkuchen verarbeitet hatte. Doch die beiden Jungen und das Mädchen waren schon lange flügge und seit Jahren aus dem Haus.

Die Bäume auf der Ostalb zeigten schon herbstliche Färbung. Rauch stieg aus dem einzigen Kamin des einsamen Bauernhauses, das, umgeben von sanften Hügeln, friedlich dalag. Der wolkenverhangene Abendhimmel schien mit den umliegenden Streuobstwiesen fast zu verschmelzen und verlieh der Landschaft etwas Gespenstisches. Die Glühbirne der von der Decke baumelnden Lampe warf ein schummeriges Licht in die Küche. An den Wänden hingen Bilder der Familie, schwarzweiß und vergilbt. Hier, seit Jahrhunderten der zentrale Ort des Hauses, werkelte Kreszentia. In ihrem braungebrannten zerfurchten Gesicht spiegelte sich ein arbeits- und entbehrungsreiches Leben. Die letzten Äpfel des Jahres hatte sie eigenhändig und allein unter größter Mühe mit der Stange von den Bäumen im nahen Garten geerntet.

Ihr langes weißes Haar war praktisch, wie sie es seit ihrer Jugend gewohnt war, zu einem Dutt zusammengesteckt. Schlurfend und etwas wackelig ging sie zum Küchentisch, auf den sie einen Korb Äpfel gestellt hatte. Daneben lag ein altes zerbeultes Kuchenblech mit ausgewalztem Teig. Ihr Gesicht hatte bisher immer eine gewisse Güte ausgestrahlt, von der ihre Mitmenschen, vor allem aber ihre Enkel ein Leben lang profitierten. Seit einigen Wochen war aber auch darin zu lesen, dass ihr jeder Schritt unsägliche Schmerzen bereitete.

Der knisternde Holzofen in der Ecke verbreitete wohlige Wärme im niedrigen Raum. Draußen begann der Regen niederzuprasseln und gegen die kleinen Fenster zu trommeln, die nur spärliches Licht hereinließen. Erleichtert sank Kreszentia auf einen Stuhl vor dem mächtigen Eichentisch und breitete darauf zwei Seiten Zeitungspapier aus. Auf ihrem Gesicht lag jetzt eine seltsame Zufriedenheit. In alter Gewohnheit nahm sie ihr Gebiss heraus, legte es neben das Kuchenblech auf das Zeitungspapier und begann die Äpfel zu schälen. Ihre großen knochigen Finger gingen virtuos mit den Äpfeln um und ließen sie wie Kostbarkeiten durch ihre Finger gleiten. Leise summte sie »Großer Gott, wir loben dich« vor sich hin.

Ab und zu schob sie ein kleines Apfelstück zwischen ihre zahnlosen Kiefer und lutschte genüsslich darauf herum. Immer mehr Schalen fielen nach und nach auf die Zeitung. Der Berg wurde zunehmend größer und ließ das Gebiss mit der Zeit langsam verschwinden. Der letzte Apfel war geschält und in kleine Stücke geschnitten. Fast rituell drückte sie die Apfelstücke behutsam und gleichmäßig in den weichen Teig.

Vor sich hin summend, stand sie auf, begab sich zum Ofen, nahm einen Schürhaken von der Wand und öffnete den runden Deckel in der Herdplatte.
Kleine Flammen züngelten heraus, so als ob sie gierig nach Nahrung greifen wollten.

In Gedanken versunken und in alter Gewohnheit nahm sie mit beiden Händen die Zeitung mit den Apfelschalen und versenkte sie langsam im Feuerloch. Sie schloss die Herdöffnung und wischte ihre Hände an ihrer blumengemusterten Schürze ab. Schmatzend ging sie zum Tisch und wollte ihre Zähne wieder einschieben. Sie stutzte und sah sich fragend in der Küche um. Ihre Blicke wechselten vom leeren Küchentisch zum Ofen. Auf einmal war blankes Entsetzen in ihren Augen zu lesen. In fürchterlicher Ahnung öffnete sie die Ofentüre und starrte hinein. Helle hohe Flammen loderten empor und schlugen zischend aus der Öffnung.

Schwer atmend und kraftlos ließ sie sich auf den Stuhl fallen, murmelte etwas Unverständliches und starrte vor sich hin. Tränen kullerten über ihre wettergegerbten Wangen. Hätte man sie verstanden, so hätte man aus ihrem Mund vernommen:

»Der Herrgott wird's schon richten!«

Ihre zittrigen Finger kramten einen Rosenkranz aus der Tischschublade. Sie sah die geschälten Äpfel an und schob, so als wolle sie sich trösten, langsam einen Apfelschnitz in ihren zahnlosen Mund. Mit einer Gabel zerdrückte sie die restlichen Stücke zu Apfelmus.

»Zahnlose haben größere Zungenfreiheit!«

Auf der Autobahn

Reinhold Brettschneider war immer schon stolz auf seinen Garten. Zusammen mit seiner Frau Christine, die er nur Mutti nannte, verbrachte er bei jedem Wetter fast jede freie Minute in der Kleingartenanlage im oberen Rheintal. Jeder Besucher bekam, ob er wollte oder nicht, die Pokale, Plaketten und Urkunden seiner gewonnenen Kleingarten-Preise gezeigt. Besonders stolz war er auf seinen mächtigen Kirschbaum, der schon von weitem die Lage seines Gartens in der Anlage markierte und jeden Sommer unter der Last der dunkelroten Herzkirschen zusammenzubrechen drohte.

Immer wieder behauptete Reinhold, dass sein Garten der wunderbarste Ausgleich zu seinem Beruf sei. Schon seit fast vier Jahrzehnten war sein Arbeitsplatz die Autobahn und die Landstraße. Zwei Jahre wollte er noch fahren und dann in Rente gehen. Bis auf das Kreuz mit seinem Kreuz war sein Körper intakt, wie er immer wieder betonte. Das Haar war zwar in den letzten Jahren etwas schütter geworden, doch wenn er mit seiner kräftigen Statur auf einen zuging, überkam einen trotz seiner fast sechzig Jahre das Gefühl, gleich von einem Lastwagen überrollt zu werden. Ein Handicap machte ihm freilich zu schaffen. Er hatte seine dritten Zähne. Wurde er darauf angesprochen oder bemerkte es jemand, war es ihm immer peinlich.

Das Führerhaus seines Sattelzuges war schon immer sein Reich, das er sich gemütlich eingerichtet hatte. Er hatte es liebevoll mit Deckchen, Fußballwimpeln, Bildern und kleinen Vorhängen ausgeschmückt und fühlte sich hier fast so wohl wie daheim in seinem Gartenhaus.

Eines Tages brach er frühmorgens mit seinem vollbeladenen Lastzug zum Hamburger Hafen auf. Er war schon spät dran. Die Zeit reichte nicht einmal mehr, um seine Teilprothese mit Haftcreme zu versehen. Mutti konnte ihm gerade noch kurz vor der Abfahrt ein Körbchen frische knackige Kirschen auf den Beifahrersitz stellen. Kurz vor Baden-Baden hatte er während der Fahrt mit routinierten Handgriffen seine Kaffeemaschine vorbereitet und eingeschaltet.

Bald durchzog ein belebender Duft das Führerhaus und meldete die Fertigstellung des Schonkaffees. Der 480-PS-Motor brummte gleichmäßig vor sich hin.

»Die leichte Steigungsstrecke wird gleich überwunden sein«, dachte Reinhold und pfiff zufrieden vor sich hin. Wegen der sommerlichen Wärme hatte er schon zu Fahrtbeginn das Beifahrerfenster geöffnet.

Ohne hinzusehen, griff er sich eine Kirsche aus dem Korb und schob sie genüsslich in den Mund. Den Kirschkern versuchte er kräftig nach rechts aus dem Seitenfenster zu spucken. Seine nicht richtig befestigten Dritten machten sich gleich mit auf den Weg.

Er stutzte, konnte es nicht fassen, starrte wie gebannt voraus auf die Fahrbahn. Mit der Zunge rollte er ungläubig über seine plötzlich entblößten Kauleisten. Entsetzen zeichnete sein aschfahles Gesicht. Letzte Gewissheit gab ihm der Test mit den Fingern im Mund. Das Ding war weg, einfach nicht mehr da.

Endlich begriff er und brachte seinen 40-Tonner fast mit einer Vollbremsung auf dem Standstreifen zum

Stehen. Panisch rutschte er auf die Beifahrerseite und suchte dort alles nach seinen Beißwerkzeugen ab, fand aber nichts. Zusehends packte ihn die Angst.

Er verließ das Führerhaus und lief, sich suchend umsehend, mit besorgtem Gesicht auf dem Standstreifen zurück. Immer wieder beugte er sich über die Leitplanken. Nichts war zu finden. Vorbeifahrende Autofahrer schüttelten den Kopf. Einer zeigte ihm sogar den Vogel, was er als besonders ungerecht empfand.

Er war schon mehrere hundert Meter weit gekommen, als vor ihm plötzlich ein Streifenwagen der Autobahnpolizei mit eingeschaltetem Blaulicht hielt.

Zwei Polizisten stiegen aus und kamen auf ihn zu.

»Ist das Ihr Lkw da vorn, haben Sie eine Panne?«, fragte ihn der ältere Beamte. Reinhold nickte und wollte etwas sagen.

Doch wegen des fehlenden Gebisses konnte er sich kaum verständlich machen. Aus dem zahnlosen Mund drangen nur verzweifelte, nuschelnde Laute, die durch den ausgeprägten südbadischen Dialekt den letzten Rest an Verständlichkeit einbüßten.

»Haben Sie Alkohol getrunken?«, fragte der jüngere Polizist.

Reinhold schüttelte den Kopf.

»Sind Sie mit einem Alkoholtest einverstanden?«, fragte der ältere Beamte.

Reinhold versuchte es mit weiteren Erklärungen, erkannte aber, dass alles keinen Sinn hatte. Schließlich gab er auf und nickte zustimmend. Der jüngere Polizist ließ ihn ins Röhrchen blasen, das Ergebnis war negativ. Immer verzweifelter versuchte Reinhold den Beamten seine Situation zu erklären. Dann kam ihm die rettende Idee. Er huschte ins Führerhaus, holte Papier und Kugelschreiber und schilderte damit seine Situation.

Die Polizisten sahen sich an und bemühten sich, nicht lauthals zu lachen.

»Na, dann wollen wir Ihnen mal suchen helfen«, meinte der jüngere Polizist.

Über eine Stunde liefen sie zu dritt fast einen Kilometer neben der Leitplanke entlang. Kurioserweise fanden sie zwar den Kirschkern, aber von Reinholds Gebiss keine Spur.

»Wenn Sie das Ding über die Leitplanke gespuckt haben, liegt es jetzt dort im hohen Gras«, stellte der ältere Polizist fest.

»Das finden wir nie, Sie werden sich mit dem Verlust abfinden müssen«, meinte bedauernd der jüngere. Reinhold sah dies ein, nickte traurig und bedankte sich bei den beiden Polizisten. Dann kletterte er auf seinen Fahrersitz und meinte zu sich: »Das waren teure Kirschen!«

Drei Wochen später brachte der Briefträger ein kleines Päckchen. Absender war die Autobahnpolizeidirektion. Reinhold fand darin ein unbeschädigtes Gebiss und einen Brief eines der Polizisten, die ihm damals das Gebiss suchen geholfen hatten. Ein Arbeiter der zuständigen Autobahnmeisterei hatte beim Mähen der Böschungen die Prothese gefunden und sich gleich an die Geschichte erinnert.

»Wir fordern Haftpflicht für künstliche Gebisse!«

Endlich Großvater

Insgeheim hatte Berthold die Hoffnung, Großvater zu werden, schon aufgegeben. Damit würde es wohl endgültig nichts mehr werden. Auch seine Frau Erika fand sich schließlich wohl oder übel mit dem Karrierestreben ihrer beiden Schwiegertöchter ab. Umso mehr freuten sich beide, als sich beim jüngeren Sohn doch eines Tages Nachwuchs ankündigte.

Das erste Enkelkind kam an einem warmen Sommermorgen zur Welt. Dass es ein Junge war, bedeutete für Berthold die Krönung, denn das sicherte den Fortbestand des äußerst seltenen Familiennamens.

Vor lauter Freude lud Berthold gleich für den Abend seine Kinder, Freunde und Nachbarn zum Grillfest auf die heimische Terrasse ein. Erika zauberte wie immer bei Familienfesten verschiedene köstliche Salate und kaufte die besten Steaks beim Metzger. Berthold kümmerte sich traditionsgemäß um Getränke aller Art. Aus dem Getränkemarkt brachte er die letzten sieben Partyfässer Pils aus dem Sonderangebot. Diesmal holte er auch Spirituosen aus dem Keller, die nur bei speziellen Anlässen ausgeschenkt wurden. Und ohne Zweifel, dies war weiß Gott ein solcher.

Mit jedem Gast, der neu hinzukam, stieß Berthold mit seinem besten Kräuterwasser ausgiebig auf seinen Enkel an. Dann eröffnete ihm sein Sohn noch mit einer kurzen Ansprache, dass der Junge mit dem zweiten Namen Berthold heißen sollte.

Das gab ihm dann den Rest, und er war überwältigt vor Freude. Immer wieder wurde angestoßen und wie schon so oft ein Toast auf den Stammhalter ausgebracht.

Nach und nach nahmen die Gäste an den Biertischen Platz. Auch Berthold konnte sich langsam mit Hilfe seiner beiden Nachbarn dazusetzen. Dann waren endlich die Steaks und Koteletts fertig.

Wegen seiner vielen Getränke und Trinksprüche hatte Berthold verständlicherweise gegenüber seinen Gästen schon einen gewaltigen promillemäßigen Vorsprung. Erika meinte es gut und stellte ihm einen Teller mit einem extra großen Stück Fleisch hin. Berthold war sehr hungrig und versuchte sein Steak mundgerecht zu zerschneiden.

Die anderen Gäste schoben genussvoll Stück für Stück der Steakhäppchen und Salate in sich hinein. Doch sein Besteck wollte einfach seinen Fingern nicht mehr richtig gehorchen. Neidisch blickte er sich in der Runde um. Nach und nach wurden die anderen Gäste auf seine Schwierigkeiten mit dem Schneiden des Fleisches aufmerksam.

Keiner traute sich jedoch, ihm seine Hilfe anzubieten. Alle schauten ihn nur unauffällig und erwartungsvoll an.

Schließlich hatte Berthold die Nase gestrichen voll. Vor Hunger und Verzweiflung nahm er sein Steak in die Hand und wollte ein Stück davon abbeißen. Gespannt und peinlich berührt beobachteten die Gäste die Vorstellung. Vergeblich bemühte er sich und zog enttäuscht das Steak wieder heraus. Sein Gebiss blieb daran hängen. Den anwesenden Nachbarskindern blieb der Mund offen stehen, und ihre Augen weiteten sich vor Erstaunen. Die älteren Gäste waren unsicher und wussten nicht recht, ob sie lachen oder ihr Bedauern ausdrücken sollten. Berthold warf schließlich das seltsame Gebinde vor Wut in den Johannisbeerstrauch im Garten und schrie:

»Diese blöden Zähne taugen ja nichts, die brauche ich nicht mehr!«

Sprachlos saß die Gesellschaft da. Auf der Terrasse herrschte kurz Totenstille.

»Weißt du denn, was so ein Gebiss heutzutage kostet?«, fragte ihn entsetzt sein älterer Sohn.

»Nein, ist mir auch völlig egal«, erwiderte Berthold trotzig.

Dann wurde er nachdenklich.

»So um die zehn- bis fünfzehntausend Euro, glaube ich«, legte er kleinlaut nach.

Die hohen Kosten überzeugten ihn dann doch. Etwas umständlich erhob er sich von seiner Bank. Mit Hilfe der Kinder klaubte er das Gebiss wieder aus dem Strauch. Er badete es in einem Glas Mineralwasser, steckte es dann wieder dorthin, wo es hingehörte, und setzte sich brav an seinen Platz. In der Zwischenzeit hatte Erika Bertholds Steak in ganz kleine Stücke mundgerecht zerschnitten und es zusammen mit einem Schüsselchen Salat wieder an seinen Platz gestellt.

Heilkraft des Gebisses

Der Schorsch war schon seit seiner Geburt am Ende des Ersten Weltkrieges ein kränkelndes Kind. Dies wurde von Jahr zu Jahr schlimmer. Auch die gesunde Luft des Berchtesgadener Landes, in dem er zeitlebens wohnte, brachte kaum Besserung. Seine Krankheiten, die im Laufe der Jahre von ständigen Erkältungen über Bronchitis bis zur Tuberkulose gingen, blieben auch seiner Nachbarin Frau Sedlmeier nicht verborgen. Die hatte Mitleid und versorgte ihn mit Naturarzneien wie Säften und Salben. Aus Gründen der Sparsamkeit, für die sie in der Gegend bekannt war, stellte sie diese selbst her. Manche Dorfbewohner bezeichneten sie sogar als geizig. Ihre Mittelchen zeigten aber bei Schorsch kaum Wirkung. Der war weiterhin angeschlagen und laborierte ständig mit irgendeiner Krankheit herum. Trotz seiner Gebrechen werkelte er als junger Bursche in seiner kleinen Schnitzerwerkstatt, am elterlichen Haus und im großen Obstgarten. So auch an dem Tag, als er einige Bretter an einem Schuppen anbringen wollte. Dazu lehnte er eine alte Holzleiter an die Gebäudewand. Da eine der oberen Leitersprossen ständig im Freien hing, war diese stärker verwittert als all die anderen. Sie hielt deshalb den dreißigjährigen großgewachsenen Schorsch nicht mehr aus und gab als Klügere nach. Mitsamt Brettern und Werkzeug rutschte er so unglücklich die Leiter hinunter, dass er abwechselnd mit dem Mund und dem Kinn an den Sprossen einhakte und immer kurz hängen blieb. Die Folge war eine etappenweise Zertrümmerung seiner oberen und unteren Zähne. Frau Sedlmeier, die gerade nebenan im Garten Rettich steckte, eilte sofort zu Hilfe und stellte ihn wieder auf die Beine. An der ganzen Vorderseite war wohl nichts mehr zu retten, wie ihm sein Zahnarzt am nächsten Tag mit Bedauern eröffnete. Der ließ für ihn eine wunderbare Prothese für seinen Ober- und Unterkiefer anfertigen. Schorsch war zufrieden und konnte wieder alles essen.

Inzwischen waren fast fünf Jahrzehnte vergangen. Nicht nur einmal erzählte der in die Jahre gekommene Schorsch, des Jammerns seiner Mitmenschen über ihre Krankheiten und Zahnleiden überdrüssig, wie sein Gebiss sein Krankheitsbild und sein Wohlbefinden zum Positiven verändert hatte.

Seit er damals als junger Bursche unfreiwillig »mit einem Rutsch« seine zweiten gegen dritte Zähne einge-tauscht hatte, war er nie mehr krank geworden. Nicht einmal ein einziges klitzekleines Wehwehchen und auch keine Erkältung plagten ihn mehr. Fortan ging es ihm blendend, und er strotzte nur so vor Kraft und Gesund-heit. Ab und zu stiftete er der heiligen Apollonia, der Schutzheiligen der Zahnkranken, eine Kerze. Dies tat er immer und überall kund. Seinen Mitmenschen ging das mit der Zeit langsam auf den Geist. Als dies eines Tages auch die schwerhörige Frau Sedlmeier, die inzwischen ein begnadetes Alter von fast neun Jahrzehnten erreicht hatte, hörte, kam ihr eine glänzende Idee. Sie zog ernst-haft in Erwägung, alle ihre verbliebenen relativ guten Zähne ziehen zu lassen und gegen eine Zahnprothese auszutauschen. In ihr reifte die feste Überzeugung, dass damit ihr ständiges Zwicken, alle ihre Zipperleins und ihr starkes Rheuma aufhören könnten. Wenn dies bei Schorsch geholfen hatte, warum dann nicht auch bei ihr? Außerdem waren dritte Zähne einfacher zu putzen, und man konnte sie nachts hygienisch in ein Reinigungsbad legen. Doch ihre Familie meinte, sie solle doch lieber ihre eigenen selbstgemachten Arzneien weiter in höherer Dosis einnehmen. Auch das Argument, alle Zähne auf einmal ziehen zu lassen sei eine schmerzhafte Angelegenheit, konnte sie nicht überzeugen. Wochenlang versuchten ihre Kinder und Enkel sie mit allen Mitteln zur Aufgabe ihres skurrilen Vorhabens zu bewegen. Nach mühevoller Überzeugungsarbeit hatten die Angehörigen die Nase voll und gaben auf. Frau Sedlmeier war entschlossener denn je und hatte auch schon einen Zahnarzttermin vereinbart, als einer ihrer Enkel plötzlich eine Idee hatte. Er bat um einen sofortigen Termin bei dem Zahnarzt und schilderte ihm Frau Sedlmeiers Absichten. Der hatte Verständnis für das Problem der Familie. So kam es, dass der Kostenvoranschlag für das Ziehen der Zähne und das neue Gebiss einen gewaltigen Betrag auswies. Die astronomischen Kosten überzeugten sie dann schließlich doch, von ihrem seltsamen Plan abzusehen.

Die Folgen der Gesundheitsreform – eine Vision

Immer wenn in Deutschland eine Gesundheitsreform verabschiedet wurde, sollte überall eingespart und budgetiert werden. Wilhelm regte sich furchtbar über eine Regelung auf, die ihn und seine Frau Käthe betraf und ihr beschauliches Leben einmal entscheidend verändern sollte. Vor allem sie als Pensionäre, die mit einer kleinen Rente in bescheidenen Verhältnissen lebten, waren hart gebeutelt. Ein Rentnerehepaar bekam von nun an nur noch ein Gebiss von der Krankenkasse bezahlt. Seines war nicht mehr das jüngste und schon oft repariert worden, hatte es doch im Laufe der Jahre – wie Wilhelm einmal spaßeshalber ausrechnete – schon um die zweiunddreißig Tonnen Nahrung zerkleinert. Schließlich brach es eines Tages vollständig auseinander. Eine weitere Reparatur war aus Kostengründen ausgeschlossen. Nun war es so weit. Käthe musste von nun an ihres mit ihm teilen. Anfangs gab es Probleme mit der Passungenauigkeit, aber mit der Zeit gewöhnte sich Wilhelm daran, und es ging leidlich mit dem ständigen Wechsel. Nur dass sie nicht mehr gemeinsam essen konnten, tat beiden am meisten weh.

Der trübe regnerische Herbstabend in Erfurt verlockte nicht gerade zu einem Spaziergang. Im Fernsehen gab es ausnahmsweise einmal keine Volksmusiksendung. Deshalb hatte es Käthe sich im Wohnzimmer gemütlich gemacht und als Entschädigung ein Gläschen von ihrem Lieblingsportwein eingeschenkt. Auf einem großen ledernen Ohrensessel thronend, hatte sie sich in ein dickes Buch vertieft. Schützend umhüllte eine Decke ihre vom vielen Sitzen schlecht durchbluteten Beine, die sie zur Erleichterung auf einen Schemel gebettet hatte. Eine große Stehlampe tauchte den Raum in gedämpftes Licht. Nur das gleichmäßige Ticken der Standuhr und das Rascheln der umgeblätterten Seiten waren zu hören. Die nahe Turmuhr hatte gerade Mitternacht geschlagen, als sich ein Schlüssel im Schloss der Eingangstür drehte und Käthe aufhorchen ließ. Ihr Gesicht erhellte sich.

Fröstelnd schob sich Wilhelm durch die Haustür, spannte seinen Schirm auf und stellte ihn auf den Boden. Die Doppelkopfkarten, die er aus der Manteltasche zog, kamen an ihren gewohnten Platz auf dem Garderobenschrank. Von Müdigkeit übermannt, hängte Wilhelm umständlich Mantel und Hut an die Garderobe und begab sich zu Käthe ins Zimmer.

Schon sehnsüchtig hatte sie auf ihn gewartet, denn sie hatte noch Hunger und wollte unbedingt noch ein paar Kekse essen. Erwartungsvoll deutete sie ihm mit den Fingern die Funktion eines Gebisses an.

Wilhelm nahm es heraus und reichte es Käthe wortlos. Sie steckte es in den Mund und schälte sich umständlich aus ihrer Verpackung. Dann stand sie auf und versuchte es, während sie in die Küche watschelte, mit den Fingern einigermaßen in ihrer Mundhöhle zu positionieren. Ihr zufriedenes Gesicht bestätigte den richtigen Sitz. Im Türrahmen drehte sie sich langsam um und fixierte Wilhelm. Der hatte es sich inzwischen auf einem Sessel gemütlich gemacht und blätterte gelangweilt in einer Fernsehzeitschrift.

»Aha, Schweinshaxen gegessen«, stellte sie fachmännisch fest.

»Mhm«, entfuhr es ihm trocken, ohne dass er aufblickte.

»Bierchen dazu getrunken?«, fasste sie nach.

»Ja!«

»Danach ein Schnäpschen?«

Verlegen blickte er sie von unten herauf an und nickte.

»Nur eins!«

»Dann noch ein Zigarrchen geraucht, was?«

»Na ja!«

In Käthes Gesicht bildeten sich nun einige Falten mehr, als ohnehin schon vorhanden waren.

»Das muss dir dann aber gar nicht bekommen sein!«

»Die Selbstbeteiligung für mein Gebiss finde ich zu hoch, aber ich muss wohl zähneknirschend bezahlen!«

Der Segelflieger

Segelflugzeuge hatten Gabriel schon seit früher Jugend fasziniert. Flugmodelle zu steuern bereitete ihm zwar großen Spaß, doch mit einem richtigen Segelflugzeug selbst zu fliegen, das war es, was er unbedingt wollte. Sein Abitur konnte sich sehen lassen und machte seinen Vater, einen erfolgreichen Zahnarzt, so richtig stolz. Die Ausbildung zum Segelflieger war somit finanziert und konnte beginnen. Von seinem letzten Besuch auf dem heimatlichen Flugplatz wusste er, dass hierfür Stehvermögen und Ausdauer notwendig waren.

In den Sommerferien begann er mit der Grundausbildung an einer süddeutschen Segelflugschule. Nach vierzehn Tagen rief ihn sein Fluglehrer abends zu sich. Mit seinen verschlissenen Turnschuhen, deren Sohlen auch schon mal profiliertere Zeiten gesehen hatten, schlappte Gabriel auf ihn zu. Er musste sich zu ihm drehen und sich so bücken, dass sich seine abgewetzten kurzen Hosen spannten. Sein Hinterteil war bereit. Die Fliegerkameraden waren es auch. In einer Reihe stellten sich über zwei Dutzend braungebrannte Gestalten jeden Alters auf und warteten ungeduldig, bis sie an der Reihe waren und ihr Bestes geben konnten. Jeder von ihnen malträtierte mit einem kräftigen Schlag Gabriels Allerwertesten. Dieser schöne Brauch hatte sich in Segelfliegerkreisen aus alten Zeiten bewahrt. Er sollte dem Flieger, der gerade seine ersten drei Alleinflüge absolviert hatte, das nötige Feingefühl im thermischen Aufwind vermitteln.

In den folgenden Tagen konnte Gabriel dies auch gleich

ausgiebig unter Beweis stellen und in die Tat umsetzen. Er durfte sogar ein einsitziges Flugzeug älteren Baujahrs fliegen. Sein Fluglehrer verlangte von ihm wie üblich, sich zunächst am Boden mit dem Flugzeug vertraut zu machen und es auf Flugfertigkeit zu kontrollieren. Auch die hinten liegenden filigranen Leitwerke, darunter das quer liegende auf der Rumpfoberseite befestigte Holzhöhenruder, waren zu prüfen. Dieses war, wie ihm der Fluglehrer erklärte, ganz aus dünnem Sperrholz gebaut und mit einem wasserbeständigen Lack geschützt. Der Flugzeugrumpf bestand aus dünnen Stahlrohren, die mit Stoff bespannt waren. In der Mitte befand sich als Fahrwerk ein einzelnes Hauptrad und am Schwanz ein Schleifsporn aus Metall. Beim Rücktransport des Seglers nach der Landung musste deshalb das hintere Flugzeugteil getragen werden. Dazu befand sich auf der Rumpfoberseite vor dem Höhenruder ein Metallgriff. Da dies die schwerste Arbeit beim Zurückschieben zur Startstelle war, hatte diese Aufgabe traditionsgemäß der Pilot zu übernehmen. Beim Transport des Flugzeuges halfen ihm natürlich immer die Fliegerkameraden durch Schieben an den Tragflächen.

An einem schwülen Sommertag lag der Flugplatz fast wie ausgestorben da. Alle Flugzeuge befanden sich in der Luft und waren auf der Suche nach immer neuen thermischen Aufwinden in alle Himmelsrichtungen geflogen. Bereits am Morgen hatte der Wetterdienst eine Gewitterwarnung ausgegeben. Schon am frühen Nachmittag baute sich im Westen langsam eine Gewitterfront auf. Stundenlang stand sie dort, wurde dunkler und wirkte immer bedrohlicher. Dann bewegte sie sich zunehmend schneller in Richtung Segelflugplatz, so als wollte sie ihn gierig verschlingen.

Die dort verbliebenen Flieger, die kein Flugzeug mehr hatten ergattern können, standen, von dem seltenen außergewöhnlichen Farbenspiel fasziniert, vor der Flugzeughalle. Verschiedenste Grautöne der Front bildeten einen starken Kontrast hinter den zerzausten weißen Wattebäuschen, die vom aufkommenden starken Wind über die Landschaft der Schwäbischen Alb getrieben wurden.

Der erfahrene Fluglehrer beorderte über Funk alle seine Segelflugzeuge zum Sammeln in einen vor dem Gewitter sicheren und noch aufwindhaltigen Bereich. Dort sollten alle Maschinen verweilen, bis das Gewitter über den Flugplatz hinweggezogen war.

Gabriel befand sich in Flugplatznähe. Die Anweisung über Funk war bei ihm nur bruchstückhaft angekommen, was wohl an der schon zu schwachen Bordbatterie lag. Gabriel war ohnehin der Ansicht, dass es ihm noch vor dem Gewitter zur Landung reichen würde. Er war sich ganz sicher, sein Flugzeug noch rechtzeitig trockenen Fußes in die schützende Flugzeughalle bringen zu können. So landete er mit seinem Holzflugzeug gerade in dem Moment, als Regen einsetzte. Seine am Boden verbliebenen Fliegerkameraden standen in der geöffneten Flugzeughalle im Trockenen. Sie bedeuteten ihm, nachdem er ausgestiegen war, den Segler stehen zu lassen und gleich zu ihnen zu laufen. Alle gestikulierten und schrien wie wild durcheinander.

Doch Gabriel hatte der Ehrgeiz gepackt. Sich diese Blöße geben, die Blamage und so, nein, das musste nicht unbedingt sein. Mit nassem Flugzeug zurückkommen und dann das Teil auch noch trocknen und reinigen, das ging ja noch. Am schlimmsten aber war, den Spott und das Gelächter seiner Kameraden über sich ergehen zu lassen. Nein, die Sache sollte zu Ende gebracht werden – hier und jetzt. Als er keine Anstalten machte, in die Halle zu laufen, erbarmten sich schließlich zwei ältere Flieger. Im strömenden Regen rannten sie hinaus zur Landebahn, um mit Gabriel zusammen das Segelflugzeug zur Halle zu schieben. Seine Aufgabe als Pilot war es natürlich, den Schwanz des Flugzeuges zu tragen. Beherzt packte er, schon völlig durchnässt, das Segelflugzeug am Haltegriff und drehte es auf dem Hauptrad mit dem hinteren Teil in Richtung Hangar. Das Wasser stand jetzt schon knöcheltief auf dem leicht welligen Fluggelände. Alle stemmten sich mit voller Kraft gegen das Flugzeug. In dem aufgeweichten Boden bereitete der Transport größte Mühe. Teilweise lief das Wasser bereits in kleinen Sturzbächen über die Randbereiche der abschüssigen Graslandebahn. Die Helfer schoben an der Tragfläche. Gabriel stemmte sich keuchend gegen den Schwanz des Flugzeuges. Etwa die halbe Strecke zur Flugzeughalle hatten sie schon geschafft. Gabriel japste gerade nach Luft, da wurden ihm seine abgehalfterten Turnschuhe zum Verhängnis. Auf dem nassen Gras rächte sich jetzt die fehlende Griffigkeit der Sohlen. Er rutschte mit den Füßen weg und fiel kopfüber auf das Sperrholz-Höhenruder.

Er musste wohl gerade den Mund vor Anstrengung geöffnet haben, als er kräftig in das dünne Holzbauteil biss. Einzelne Splitter bohrten sich in die Lippen und sein gesundes gepflegtes Zahnfleisch. Seine Zähne erlitten wie durch ein Wunder keine Beschädigungen, wie später sein Vater fachkundig bemerkte.

Nachdem das Flugzeug endlich im Hangar verstaut war, berichteten die Augenzeugen. Es war anscheinend wie ein Albtraum. Eine seltsame Szenerie habe sich abgespielt.

»Der weiße Hai zerlegt ein Holzkanu«, meinte treffend ein Kamerad, oder gar »ein Surfbrett«, bemerkte ein anderer.

Unter Gelächter und weisen Sprüchen der Trockengebliebenen wurden schließlich die Holz- und Lacksplitter mit einer Pinzette vorsichtig aus Gabriels reichlich beschädigtem Mund entfernt.

Der Werkstattleiter der Flugschule würde die Aufgabe haben, den Schaden zu reparieren. Gabriel konnte ihm nur unter Schmerzen und mit schwer verständlicher Aussprache den genauen Hergang für das Unfallprotokoll schildern.

»Du hast so schöne Zähne! Gibt's die auch in Weiß?«

Der Leidensweg

Bauer Ludwig Holzmann war zwar erst Ende vierzig, musste aber seit einigen Jahren zum genussvollen Essen die Hilfe einer Teilprothese in Anspruch nehmen. Diese legte er nachts immer in Schnaps ein. Erstens war es hygienisch, wie ihm sein Zahnarzt einmal sagte, und zweitens hatte er morgens immer diesen herrlichen Geschmack von Zwetschgenwasser im Mund, den er nicht mehr missen mochte.

An einem kalten Januarabend, es war genau ein Jahr nach Hitlers Machtergreifung, verließ Ludwig zu weit vorgerückter Stunde das Dorfwirtshaus. Die eifrigen Debatten der letzten Stunden versuchte er auf dem Nachhauseweg zu verarbeiten. Dass ihm nur noch etwa vier Stunden Schlaf blieben, bis sein Wecker klingelte, war ihm bewusst. Am nächsten Tag wollte er in aller Frühe in die nächste Stadt ins Remstal, ein paar Besorgungen machen. Müde sank er auf sein Bett. Seine Frau Thekla schlummerte nebenan bereits selig und hatte, wie es schien, einen geruhsamen festen Schlaf.

Das Gebiss herauszunehmen schien ihm heute wegen der verbleibenden kurzen Ruhezeit nicht mehr lohnend. Die nächsten Stunden bereiteten ihm einen bewegten Schlaf. Sein Schnarchen hallte wie immer durch das ganze obere Stockwerk des Hauses. Thekla hatte dies im Laufe der Ehejahre hingenommen und den nächtlichen Lärm wohl oder übel akzeptiert. Gelegentlich darauf angesprochen, meinte sie, dies ganz einfach nicht mehr zu hören.

Doch diese Nacht verlief nicht normal. Alles war ganz anders als sonst. Morgens, als Ludwig aufwachte, packte ihn das blanke Entsetzen. Das Glas auf dem Nachttisch, in dem normalerweise das Gebiss die Nacht über deponiert wurde, war leer. Mit seiner Zunge schnullte er den Mundraum ab. Er konnte es nicht glauben und fuhr zusätzlich prüfend mit dem Finger im Mund umher. Den Nachttisch, das ganze Bett und den Boden suchte er ab. Doch es nutzte alles nichts. Das Gebiss war unauffindbar. Er wollte es zunächst nicht wahrhaben, doch langsam aber sicher wurde ihm bewusst, dass er es wohl verschluckt haben musste.

Missmutig setzte er sich an den Frühstückstisch. Doch das Frühstück mochte ihm heute nicht schmecken. Dies ergab sich zwangsweise aus dem Umstand, dass er nicht mehr richtig beißen konnte. In Kaffee eingetunktes rindenloses Schwarzbrot war alles, was er zu essen vermochte. Erst wollte er sein Missgeschick verheimlichen. Es plagte ihn aber so, dass er nicht anders konnte, als Thekla doch zu erzählen, was er mit seinem Gebiss angestellt hatte. Sie wusste erst nicht recht, ob sie ihn bedauern oder über ihn lachen sollte. Doch irgendwie tat er ihr Leid. Sonst der herrische, klobige und dominierende Bauer und jetzt nur noch ein Häufchen Elend. Er verzichtete auf sein ursprüngliches Vorhaben und ging wie gewohnt, aber in gedrückter Stimmung seiner täglichen Arbeit auf dem Hof und im Stall nach.

Immer wieder setzte er sich in eine Ecke des Stalls und grübelte, was zu tun sei. Selbst am Nachmittag wusste er immer noch nicht, wie er sich verhalten sollte. Ein Arzt konnte ihm wohl auch nicht helfen, so viel konnte er sich ausmalen. Irgendwie wird es nach einer Sitzung, wenn auch unter Schmerzen, schon wieder zum Vorschein kommen, dachte er sich. Aber in welcher Form und in welchem Zustand, das zermarterte ihm das Gehirn. Als echtem Schwaben stellte sich für ihn vor allem die Frage: »Wird es noch zu gebrauchen sein?«

Schweren Herzens trug er es weiter mit sich herum und versuchte zur Normalität zurückzufinden, indem er sich weiter mit seiner täglichen Arbeit beschäftigte.

Mit einer nie gekannten Konzentration suchte Ludwig von nun an das stille Örtchen auf und verließ es enttäuscht wieder.

Dann endlich, am Abend des dritten Tages, an dem er sich doch endlich schweren Herzens mittags entschlossen hatte, zum Arzt zu gehen, kam das Gebiss glücklicherweise auf natürlichem Wege unbeschädigt zum Vorschein. Man kann sich denken, welche Freude dies bei Ludwig auslöste, und dass er sich gleich eifrig daran machte, es mit Zwetschgenwasser zu reinigen.

»Lieber einen zweiten Frühling als dritte Zähne!«

Qual der Wahl

Edwin Bernreuther arbeitete seit seiner Lehrzeit schon fast dreißig Jahre in der großen Metallfabrik einer fränkischen Kleinstadt. Wenn ihn der Schichtbus spätabends in sein Dorf zurückbrachte, kehrte er oft noch im »Gasthof zum Mondschein« auf ein Bier ein.

Da er immer nur etwas trank, benötigte er auch nie sein Gebiss. Seit jeher hatte er deshalb die Angewohnheit, dieses herauszunehmen und auf die Fensterbank hinter dem Stammtisch zu legen. Die anderen Stammgäste und der Wirt hatten sich mit der Zeit daran gewöhnt. Es war für sie deshalb nichts Außergewöhnliches.

Ab und zu kam es vor, dass Edwin Bernreuther wieder einmal ein wenig zu viel getrunken hatte. So begab er sich eines Nachts etwas schwankend auf den Heimweg. Sein Gebiss hatte er auf der Fensterbank liegen lassen. Auch die Stammtischbrüder und der Wirt hatten nicht mehr daran gedacht, ihn zu erinnern. So stellte es der Wirt erst beim Aufräumen sicher. Edwin bemerkte erst am nächsten Tag beim späten Frühstücken, dass ihm etwas Wichtiges fehlte. Doch dies beunruhigte ihn nicht, denn er wusste seine Prothese in sicherer Obhut des Mondschein-Wirtes. Er schickte seinen jüngsten Sohn dorthin, um es zu holen.

Etwas unsicher betrat dieser die Gaststube. Die beim Frühschoppen sitzenden Dorfhonoratioren wussten Bescheid und grinsten sich eins. Dem Jungen war es peinlich, sein Anliegen zu formulieren. Der Wirt lächelte, öffnete eine Schublade und bedeutete ihm heranzukommen. Der Junge sah in die geöffnete Schublade. Vier Zahnprothesen grinsten ihn an. Der Wirt fragte ihn: »Welches ist es denn?«

»Weiß ich nicht«, antwortete der Junge schulterzuckend.

»Ich muss erst nach Hause, meinen Vater fragen.«

Der Wirt packte die vier Exemplare in eine Plastiktüte und gab sie dem Jungen mit.

»Bitte die restlichen drei wiederbringen!«

Der Junge versprach es und verschwand mit hochrotem Kopf aus der Gaststube.

Weihnachtsgrüße

Alle sahen sie gleich aus, die einfachen geduckten Häuser mit ihrer landestypischen grauen Schieferdeckung. Um der rauen schottischen Witterung zu trotzen, waren sie robust aus Naturstein gebaut. Wie stramme Highlander standen sie seit einem dreiviertel Jahrhundert in Reih und Glied entlang der einzigen Straße des kleinen Ortes. Mit ihrem Haus hatte Sophie Crisham eines gemeinsam, nämlich das Alter. Ihr Mann William war vor einigen Jahren an einem Hirnschlag gestorben. Vergangenes Jahr musste auch Winston, der treue Border Collie, aus Altersgründen eingeschläfert werden. Seitdem lebte sie einsam in der dörflichen Idylle und führte ein bescheidenes Leben. Immerhin gab es im Dorf noch ein kleines Postamt, von dem Briefe und Pakete sogar noch täglich, am Spätnachmittag, abgeholt wurden. Allzu viel konnte sie sich mit ihrer dürftigen Rente nicht leisten. Doch sie war zufrieden. Ihre beiden Söhne lebten mit Familien in Edinburgh und im fernen London. Die Verbindung zu ihnen und zu Freunden und Bekannten hielt sie das ganze Jahr über, besonders aber vor Weihnachten, mit ausgiebigem Briefkontakt aufrecht.

Schon seit längerem bereitete ihr das Gebiss Probleme, das schon seit über zehn Jahren das harte selbstgemachte Teegebäck zerkleinerte. Irgendwann einmal war es dann einfach nicht mehr zu reparieren. Früher hatte es ihr Mann als begnadeter Feinmechaniker selbst wieder in Ordnung gebracht. Doch dann konnte sie es einfach nicht mehr voll und uneingeschränkt benutzen. Bereits seit Jahren versuchte deshalb ihr Zahnarzt sie zu einem neuen Kauwerkzeug zu überreden. Einige Wochen war es schon her, als er endlich Erfolg gehabt hatte. Sie zeigte Einsicht und ließ sich Abdrücke nehmen. Vor ein paar Tagen bekam sie dann endlich ihre neuen Dritten angepasst. Schon nach kurzer Zeit merkte sie, dass diese bei längerem Aufenthalt im Mund auf der rechten Seite etwas drückten. So behielt sie die Prothese nur im Mund, wenn sie auch wirklich zum Kau- und Beißeinsatz benötigt wurde. Bei jeder Gelegenheit nahm sie das Teil heraus und legte es beiseite, ganz gleich, wo im Hause sie sich gerade aufhielt. Mit dem Bus zum Zahnarzt in den nächsten Ort zu fahren, um es nacharbeiten zu lassen, dazu hatte sie im Moment keine Zeit. Weihnachten stand kurz vor der Tür, und sie hatte deshalb noch viel zu erledigen. So waren noch einige Tischdeckchen zu sticken und jede Menge Weihnachtsbriefe zu schreiben. Außerdem mussten die Geschenke für ihre Kinder und die drei Enkel stilvoll verpackt werden. Sie wusste, dass sie es schaffen würde. Schließlich gelang es ihr noch jedes Jahr. Abende lang schrieb sie seitenlange Briefe. Der kleine, mit verspielten Verschnörkelungen versehene Sekretär quoll über von unbeantworteten und bereits geschriebenen Briefen. Eigentlich bevorzugte sie eine gewisse Ordnung, aber in diesem Fall genoss sie dieses selbstgemachte vorweihnachtliche Chaos. Ein prachtvolles altes Teeservice hatte seinen Stammplatz auf einem Tischchen neben ihrem Schreibtisch. Sophie goss sich den Rest Tee aus der Kanne ein. Während sie weiterschrieb, nahm sie das letzte Stück selbstgemachten Gebäcks vom Teller und aß es genussvoll. Der Brief an ihre Schulfreundin Maggie, die immer lustige rot geringelte Strümpfe trug, war traditionell der letzte und längste. Darin konnte sie immer so schön in alten Erinnerungen schwelgen. Mit den Fingern drückte sie an ihrem Gebiss herum. Schließlich nahm sie es heraus und legte es gedankenverloren neben sich. Seit Jahren plagte sie die Arthrose in den Beinen. Erst der Gehstock, den ihr eines Tages ihr älterer Sohn mitgebracht hatte, verschaffte ihr einigermaßen Erleichterung. Weil ihr das Gehen solche Probleme bereitete, wartete sie, bis alle Briefe geschrieben waren, und warf sie dann alle zusammen ein.

Da sie mit bestimmten Briefen auch ihre kleinen Stickereien verschickte, kam ein ganzer Stapel, auch mit großen Umschlägen, zusammen. Den wollte sie heute unbedingt noch zum Briefkasten bringen. Jede Weihnachten war es dasselbe. Immer plagte sie das Gewissen, ob sie auch wirklich niemanden vergessen hatte.

Der nächste Briefkasten befand sich am anderen Ende des 400-Seelen-Ortes, direkt am Postamt. Sie packte ihren Briefstapel zusammen und machte sich auf den Weg, den sie in einer Viertelstunde geschafft hatte. Sophie kam wieder zu Hause an und setzte sich erschöpft an ihren Tisch. Aus einer Dose wollte sie etwas Teegebäck zu sich nehmen. In ihren Augen war auf einmal Besorgnis zu lesen. Ihr Gebiss fehlte, es konnte aber nicht weit sein. Sie wusste, dass sie es auf ihren Sekretär gelegt hatte.

Immer hektischer und verzweifelter wurde sie und hatte dabei ihren Schreibtisch mehrmals komplett abgesucht. Ihr Gesicht zeigte jetzt eine Spur von Angst. Ihre langen faltigen Finger zuckten unkontrolliert, beinahe hilflos über den Sekretär. Dann gab sie schließlich auf und überlegte. Es konnte gar nicht anders sein. Das Gebiss musste zwischen oder in einem der Briefcouverts stecken. Wenn es sich in irgendeinem Umschlag befand, war es sicher kein Problem. Sie würde es, wenn auch erst nach Tagen, vom Adressaten wiederbekommen. Aber kaum auszudenken, dass es irgendwo zwischen den Couverts stecken könnte. Sophie rappelte sich auf, sah auf die Uhr und eilte wieder Richtung Postamt. Arthrose hin oder her, die schien jetzt plötzlich weg zu sein. Schnellen Schrittes marschierte Sophie mit dem Gehstock etwas wackelig die vereiste Straße hinunter. Die Kirchturmuhr zeigte ihr, dass das Postamt in wenigen Minuten schließen würde. Schon von weitem erblickte Sophie den davorstehenden kleinen roten Lieferwagen. Ein junger Mann war gerade dabei, den Briefkasten zu leeren und einen Postsack und ein paar Pakete einzuladen. Sichtlich erleichtert, beschleunigte sie ihre Schritte und kam rufend auf ihn zu.

Doch der junge Mann bemerkte sie nicht. Er hatte die Kopfhörer eines Walkmans auf und drehte ihr jetzt zudem den Rücken zu. Gemächlich steckte er sich eine Zigarette an, stieg in den Wagen und fuhr weg. Ganz außer Atem und niedergeschlagen betrat Sophie das Postamt.

Paul Avercrombie, der ältere Postbeamte, war ein freundlicher und verständnisvoller Mann. Geduldig hörte er sich die Geschichte der aufgeregten Mrs. Crisham an. Zugegeben, es war ziemlich schwierig, sie zu verstehen. Ohne Zähne sprach sie so anders, weniger verständlich, dachte er sich. Er griff zum Telefon und sprach mit dem Hauptpostamt in der nächsten Stadt.

Mit seinen acht Kollegen suchte der junge Mann sämtliche Post durch. Nach etwa einer Stunde fanden sie das Gebiss und brachten es gleich auf schnellstem Wege wieder zum Postamt zurück, wo eine überglückliche Sophie es in Empfang nehmen konnte.

Steffi

Steffi war schon immer ein aufgewecktes Friesenkind. Sie lebte geborgen in einem behütenden und ausgeglichenen Elternhaus. Neben vier Brüdern wuchs sie als mit Abstand jüngstes und einziges Mädchen genau in der Mitte zwischen Nord- und Ostsee auf. In dieser Familienkonstellation genoss sie sichtlich das Privileg des Nesthäkchens. Doch ab und zu kam es auch vor, dass sie sich gegen ihre älteren Brüder behaupten und durchsetzen musste. Dabei bevorzugte sie, und das nicht selten, als bewährt wirksames Mittel einen kräftigen Tritt gegen eines der brüderlichen Schienbeine. Seit sie ihre ersten Gehversuche unternommen hatte, hielt sie ihre Familie dauernd auf Trab. Die gewöhnte sich mit der Zeit daran, dass Steffi ständig etwas anstellte. Meistens waren sie lustig, ihre Aktionen und altklugen Sprüche, die sie mit ihrer kindlichen Naivität zum Besten gab. Ununterbrochen war der kleine quirlige Wirbelwind in Aktion und machte allerhand Streiche und Blödsinn. In ihrem näheren Umfeld, wie der Familie und in der Nachbarschaft, wurde gar von ihr behauptet, manchmal ganz schön anstrengend zu sein. Doch immer dann, wenn sie ihr bezaubernd schelmenhaftes Honigkuchenlächeln auflegte, spätestens dann hatte sie gewonnen, und es war wieder alles Ungemach vergessen.

Auch die Großmutter wohnte mit in dem großen Haus unterm Dach und nahm rege am bewegten Familienleben teil.

Eines Abends in der Vorweihnachtszeit ging Steffi ins

Bett, als Großmutter gerade das Haus verließ und sich zu Fuß zur Weihnachtsfeier der Caritas begab.

Nachts legte sie ihre dritten Zähne immer in ein geschlossenes Prothesenschälchen, warf eine Tablette hinein und sah zu, wie diese sich rasch auflöste. So auch in jener Nacht, als sie von der Weihnachtsfeier nach Hause kam.

Vater musste morgens immer sehr früh zum Dienst und hatte schon bald das Haus verlassen. Der Rest der Familie frühstückte deshalb wochentags immer ohne ihn. Normalerweise stand Oma immer vor den Kindern auf. Doch heute war es anders. Vielleicht lag es an der gestrigen Weihnachtsfeier mit Glühwein, den sie so sehr mochte und auf den sie sich schon seit Wochen gefreut hatte. Da sie an solchen Tagen immer ein wenig länger zu schlafen pflegte, machte sich auch niemand Gedanken, dass sie noch nicht am Frühstückstisch erschienen war. Steffi holte ihre Umhängetasche und verließ, ohne sich zu verabschieden, das Haus, als Mutter gerade das Frühstücksgeschirr beiseite räumte. Nur das von Großmutter blieb ungewohnt einsam auf der großen Tafel zurück. Nachdem alle Kinder aus dem Haus waren, kam auch Großmutter die Treppen herunter. Sie setzte sich an den Tisch und sagte ihrer Tochter, dass sie ihr Gebiss vermisse. Sie müsse es wohl auf der Weihnachtsfeier vergessen haben. Hastig trank sie eine halbe Tasse Kaffee, zog sich rasch an und eilte ins Gemeindehaus. Ein paar ältere Frauen waren gerade damit beschäftigt, die Spuren des Vorabends zu beseitigen, genauer gesagt, die Dekoration abzubauen. Alle halfen Großmutter, das ganze Haus nach ihren Dritten zu durchsuchen, blieben aber schließlich erfolglos.

Enttäuscht saßen Großmutter und Mutter kurze Zeit später wieder zu Hause am Küchentisch und überlegten, wo denn nun das Gebiss sein könnte. Oma zermarterte sich das Gehirn, denn alle Wege und Tätigkeiten des Vorabends hatten sie jetzt nachvollzogen. Das Teil war nirgends aufzufinden. Sie war beinahe am Verzweifeln. Dass sie ein schlechtes Gedächtnis hatte, darauf wurde sie von Zeit zu Zeit dezent von den Familienmitgliedern hingewiesen. Mit der Zeit akzeptierte sie auch, dass es wohl so sein musste, was sich jetzt wieder einmal bestätigte.

Die Jungen kamen früher von der Schule nach Hause und stellten gleich mit Mutter zusammen das ganze Haus von oben bis unten auf den Kopf. Schließlich saßen alle ratlos am Küchentisch und versuchten Großmutter zu trösten. Eine seltsam bedrückende Stimmung lag in der Luft. Es schien so, als hätten alle aufgegeben. Der kleine René begann sogar schon damit, Salat und Möhren in ganz kleine Stückchen zu schneiden. Mutter wollte gerade zum Mixer greifen, als Steffi ins Haus geschlichen kam.

Vorsichtig trug sie einen runden dosenähnlichen Gegenstand mit angewinkelten Armen vor sich her. Mutter wollte wissen, was denn so Geheimnisvolles in der Dose sei. Oma erkannte sie sofort als die ihre. Steffi sah sie nur reumütig an. Großmutter schlug die Hände über dem Kopf zusammen, nahm Steffi erleichtert die Dose aus der Hand und öffnete sie. Ihre Augen strahlten.

Steffi hatte Omis Zähne mit in den Kindergarten genommen und sie voller Stolz den anderen Kindern gezeigt.

»Seht mal, das sind Omis Zähne, die kann man sogar rausnehmen«, so hatte sie morgens im Kindergarten mit ihrer Vorstellung begonnen.

Eigentlich hatte sie es auf die Zahnspange ihres Bruders Christian abgesehen, dann aber im Bad die identischen nebeneinanderstehenden Dosen verwechselt und aus Versehen das Gebiss der Großmutter mitgenommen. Erst im Kindergarten beim Öffnen hatte sie den Irrtum bemerkt und dann eben Omas Zähne vorgestellt.

Steffi tat dies alles sehr Leid. Nachdem ihr die anderen über die Suchaktionen erzählt hatten, entschuldigte sie sich bei Großmutter. Deren Verhängnis war einfach, dass sie nur dieses eine Mal später als die Kinder aufgestanden war. Steffi meinte, dafür dürfe sie jetzt als Wiedergutmachung beim Mittagessen ihre Portion essen.

»Deine Zähne sind wie Sterne, jeden Abend kommen sie heraus!«

Der Genießer

Es ist stockfinstere Nacht in Grünwald, einem Nobelvorort Münchens. Ein Käuzchen schreit in der Ferne. Hechelnd kommt ein Dobermann die von Bäumen gesäumte Straße entlang und zieht einen alten Mann hinter sich her. Vor einer luxuriösen Villa schlägt der Hund an und bellt Richtung Haus. Der alte Mann, ganz außer Atem, mustert ausgiebig die Hausfront. Die Fenster sind dunkel. Nichts rührt sich. Am Zugangstor prangt ein messingfarbenes Türschild mit einem kunstvoll eingravierten Namen. Es ist die Villa des bekannten Immobilienmaklers Moosleitner. Rumpelnd öffnet sich das elektrische Garagentor. Eine teure Limousine fährt langsam heraus und verlässt das Grundstück. Der alte Mann grüßt höflich Richtung Wagen, dessen Rücklichter langsam in der Ferne verschwinden. Der Dobermann will sich nicht beruhigen, bellt weiter Richtung Haus, was der alte Mann nicht verstehen kann. Er zieht den Hund gegen seinen starken Widerstand weiter und verschwindet langsam in der Dunkelheit. Aus einem hohen Gebüsch tritt eine schwarzgekleidete Gestalt heraus und sieht zufrieden dem Wagen und dem alten Mann hinterher. Geschmeidig wie eine Katze schleicht sie durch den gepflegten Garten bis zur Terrassentür. Gekonnt wird ein Glasschneider angesetzt, ein kreisrundes Loch in die Scheibe geschnitten und die Terrassentür geöffnet.

In aller Ruhe sieht sich der Einbrecher im Haus um, durchsucht den Schreibtisch und die Schränke. Schmuck,

Bargeld, eine Münzsammlung und ein Notebook werden in Rucksäcke verstaut.

Während seiner Durchsuchung führt ihn sein Weg auch in die Küche. Angenehmer Duft bringt ihn dazu, auch in den Küchenschränken und im Kühlschrank herumzuschnüffeln.

Einer der leckeren Speisen kann er nicht widerstehen und isst die ganze Portion auf. Der Teller wird gespült, abgetrocknet und ordentlich zu den anderen in den Küchenschrank gestellt.

Unterdessen hat die schwere Limousine bereits die Münchner Innenstadt erreicht. Das Ehepaar Moosleitner sitzt schweigend darin. Frau Moosleitner nestelt in ihrer Handtasche herum und stellt plötzlich fest, dass sie die Eintrittskarten für die Oper vergessen hat. Missmutig wendet Herr Moosleitner den Wagen an der nächsten Kreuzung und fährt zurück Richtung Grünwald.

Dem Einbrecher scheinen zusehends irgendwelche faserigen Speisereste Unannehmlichkeiten zu bereiten. Mit den Fingern und seiner Zunge scheint er ihnen nicht beizukommen. Er nimmt das Gebiss heraus und reinigt es unter dem Wasserhahn. Durch das Rumpeln des elektrischen Garagentorantriebes fährt er erschreckt auf. Achtlos legt er das Gebiss beiseite und sieht nach draußen.

Die Limousine biegt um die Ecke und fährt langsam in die Garage. Er kramt eilig seine Rucksäcke zusammen. Höchste Zeit zu verschwinden. Beim Verlassen der Küche fällt ihm im Flur ein Münzalbum heraus. Er will es wieder einpacken, zögert, lässt es dann doch liegen. Das Öffnen des Türschlosses holt ihn in die Wirklich-

keit zurück. Will er nicht geschnappt werden, heißt die
einzige Möglichkeit, schleunigst über die Terrassentür
das Weite zu suchen. Er zögert und überlegt kurz, ob
er noch einmal zurück in die Küche und sein Gebiss
holen soll. Doch die Haustür fällt bereits lautstark ins
Schloss. Herr Moosleitner will gerade die Karten von
der Kommode nehmen, als er das Münzalbum auf dem
Boden entdeckt. Misstrauisch geworden, schaltet er die
Beleuchtung ein und sieht sich genauer um. Ihm fällt
auf, dass hier Einbrecher am Werk waren. Sofort greift
er zum Telefon und ruft die Polizei. Deren Eintreffen
beobachtet der Einbrecher noch von ferne aus sicherer
Deckung.

Wochenlang wird von der Kripo bei sämtlichen Zahn-
ärzten in München und Umgebung ermittelt. Nach zwei
Wochen kann schließlich der Gebissbesitzer durch den
Zahnstatus aus der Krankenakte ermittelt und festge-
nommen werden.

*»Als Jüngling wollte er dauernd kosen und küssen, als
Ehemann will er davon nichts mehr wissen. Verlangst
du dein Recht, dann wird er gemein, er gibt dir sein
Gebiss und sagt: ›Küss‹ dich allein!«*

Mundraub

Die Zahnarztpraxis, die Dr. Maximilian Raffert in fast zwei Jahrzehnten in L. A. aufgebaut hatte, lief hervorragend. Dies nicht allein deshalb, weil er in seinem Umfeld als sparsam bekannt war. Viele würden sogar so weit gehen und sagen, geizig sei die treffendere Beschreibung. Bevorzugt behandelte er Privatpatienten. Doch auch viele Kassenversicherte fanden den Weg in seine zentral gelegene Praxis in der Innenstadt von Lennestadt-Altenhundem im Sauerland. Seine Zahnarzthelferinnen ließen sich untereinander häufig zu Bemerkungen über die Zweiklassen-Gesellschaft und die gravierend unterschiedliche Behandlung durch ihren geldgierigen Chef hinreißen. Auch die vielen überflüssigen teuren Untersuchungen und unnötigen Röntgenaufnahmen trugen zur besseren Füllung von Dr. Rafferts Geldbeutel bei. Trotzdem jammerte er vielen Patienten über die für ihn miserablen Folgen der Gesundheitsreform die Ohren voll. Eine seiner Damen hatte ihn auch schon mal hintenherum unter Kolleginnen als eines der – wenn auch wenigen – schwarzen Schafe in der Branche bezeichnet.

Die meisten Stammtischbrüder im ländlichen Gasthaus »Zum durstigen Ludwig« waren friedliche, genügsame, hart arbeitende und verständnisvolle Menschen. Doch irgendwann hatte auch ihre Geduld ein Ende. Sie stellten einem von ihnen, dem Mittfünfziger Waldemar Piontek, ein Ultimatum. Seine Zahnlücken waren vor allem vorn im Laufe der Jahre immer größer geworden. Schon seit Monaten bearbeiteten sie den ledigen trinkfesten Bauarbeiter, sich endlich ein Gebiss machen zu lassen. Doch er begründete die Ablehnung immer mit seinem notorischen finanziellen Engpass. Das Drängen der Stammtischbrüder geschah nicht etwa aus Sorge um den Erhalt seiner Lebensqualität. Nein – sie hatten sein Genuschle und, wenn sie etwas nicht verstanden hatten, die ständige Nachfragerei endgültig satt. Eines Tages hatten sie dann doch Erfolg. Waldemar hatte sich zur Erneuerung seiner Kauwerkzeuge durchgerungen und als Privatpatient einen Termin geben lassen.

Dr. Raffert kannte Waldemar Piontek nicht. Bei der ersten Besichtigung seiner Zähne erkannte er sofort, dass wohl noch nie ein Zahnarzt irgendwann in Waldemars Leben etwas Nennenswertes an ihm verdient hatte. Nicht dass die Zähne so gut waren, nein, sein Steinbruch hatte wohl noch nie den kleinen Mundspiegel und die zahnärztliche Sonde, geschweige denn einen Bohrer gesehen. Raffert besaß keine Veranlassung, sich Gedanken zu machen, denn Piontek war ja Privatpatient. Und was hatte er nicht schon für unterschiedliche kuriose und dubiose Typen behandelt. Nur über die Alkoholfahne wunderte er sich und dachte, dass es doch besser wäre, den Mundschutz aufzusetzen.

Für Dr. Raffert war sofort klar, dass bei Piontek nur eine lukrative Komplettversorgung infrage kam, und er konnte ihn schließlich überzeugen, sich auf keine Lückenfüllerei einzulassen, sondern sich gleich für etwas Solides und Dauerhaftes zu entscheiden. Dabei hatte Waldemar gleich nach dem Herstellen der Abdrücke ungefähr ein Drittel des 16 000 Euro teuren Stückes in bar anzahlen müssen.

Es war ein später Nachmittag. Im Wartezimmer saßen noch drei Patienten, unter ihnen Waldemar Piontek. Den Arzthelferinnen fiel auf, dass er die ganze Zeit schon unruhig auf seinem Stuhl hin und her rutschte. Dann war er an der Reihe. Dr. Raffert setzte ihm das fertige Gebiss ein und bat gleich um die Restzahlung. Doch Piontek meinte, dass er nicht so viel Geld dabei habe. Ob ein Zahlungsaufschub möglich sei? Dr. Raffert sah dabei kein Problem und wollte daraufhin das Gebiss wieder herausnehmen und bis zur Leistung der Restzahlung verwahren. Piontek überlegte kurz und sah ihn fragend an. Dann rappelte er sich flugs aus dem Behandlungsstuhl auf, riss den Latz von seinem Hals, schubste den verdatterten Zahnarzt beiseite, rannte an der verdutzten Arzthelferin vorbei und flüchtete durch das Wartezimmer aus der Praxis.

Dr. Raffert war zunächst völlig perplex. Nachdem er sich wieder gefangen hatte, herrschte er seine Damen an, doch endlich die Polizei zu rufen. Bei der Befragung durch die Kripo konnten sich Dr. Raffert und die Sprechstundenhilfen merkwürdigerweise nicht einmal auf eine einigermaßen übereinstimmende Täterbeschreibung einigen. Der Gebissräuber hätte eben ein Durchschnittsgesicht, nichts Auffälliges. Die Polizei leitete unverzüglich eine Fahndung ein, die jedoch erfolglos blieb.

Selbst Tage nach dem Vorfall empfanden die Arzthelferinnen fast so etwas wie eine leichte Genugtuung. Manche würden es gar als Schadenfreude bezeichnen. Insgeheim gönnten sie ihrem geldgierigen Chef die Niederlage und hofften, dass man Waldemar Piontek nie fassen würde. Selbst dann nicht, wenn jetzt ihre

nächste Gehaltserhöhung in noch weitere Ferne rücken
würde.

»Lieber einen steilen Zahn als gar kein Gebiss!«

Zahnersatz selbst gemacht

Nachstehender Originaltext für eine Kursankündigung ist dem Volkshochschulprogramm 01/2003 der Stadt Erding entnommen:

Wir alle verfolgen die Einsparungen im Rahmen der Gesundheitsreform mit großer Sorge. So wie es aussieht, werden sich in naher Zukunft nur noch wenige einen Zahnersatz leisten können.

Der Lehrgang wird von erfahrenen Dentaltechnikern durchgeführt. Diese haben eine Methode entwickelt, die es einem handwerklich durchschnittlich begabten Teilnehmer ermöglichen sollte, zu einem gut sitzenden und zugleich kostengünstigen Zahnersatz zu kommen. Der Lehrgang wendet sich vor allem an Teilnehmer, die zur Wiederherstellung der vollen Kaufunktion bzw. aus kosmetischen Gründen eine Eingliederung von Zahnkronen (Jacketkronen), Halbkronen, Brücken oder einer Zahnprothese (herausnehmbarer Zahnersatz) benötigen. Wegen der einfachen Handhabung und aus Kostengründen verwenden wir in diesem Lehrgang nur Kunststoff, Edelmetall oder Keramik kommen nicht zum Einsatz.

Was Sie erwartet: Zuerst wird ein Abdruck genommen und danach ein Modell gefertigt. Anhand eines so genannten Farbringes werden dann die Zähne in der passenden Form und Farbe ausgesucht. Nach der Einartikulierung der Modelle werden die Zähne in Wachs aufgestellt. Nach der Modellation des Zahnfleisches wird die

»Wachsprothese« in eine Kürette eingebettet, das Wachs entfernt und mit Kunststoff aufgefüllt. Nachdem dieser ausgehärtet ist, wird die Kürette entfernt, die Prothese beschliffen, poliert und angepasst. Sie können wieder kraftvoll zubeißen.

Am Lehrgangsende werden der Sitz und die Qualität des Zahnersatzes durch vorgeschriebene Beiß-Proben getestet. Fällt das Ergebnis positiv aus, übernehmen die Krankenkassen einen Teil der Kosten, und Sie erhalten ein VHS-Zertifikat.

Was Sie benötigen: Kunststoff (Pulver und Flüssigkeit zum Anrühren), Zähne (verschiedene Formen und Farben), Wachs und Modellierinstrumente, Mittelwertartikulator (um die Situation im Mund nachzustellen), Kürette (zum Herstellen der Prothese), Schleif- und Polierinstrumente, Gips … und natürlich ein sanierungsbedürftiges Gebiss.

Der Lehrgang dauert 20 Abende und soll zwei Mal pro Woche, 18–21 Uhr, in den Räumen des kooperierenden Dentallabors in Erding stattfinden.
Terminabsprache, detaillierte Auskunft über Lehrgangs- und Materialkosten am Informationsabend.

Die Resonanz auf dieses Kursangebot der Volkshochschule im bayerischen Erding war gewaltig. Es sorgte bundesweit für Aufregung. Sie reichte von ernsthaftem Interesse bis hin zu Klagedrohungen. Bei dem Kurs handelte es sich jedoch nur um einen Scherz der Geschäftsführung. Als Datum für den Beginn des Kurses war der 1. April 2003 angegeben.

»Noch so ein Satz – Zahnersatz!«